초등학생과 선생님 모두 행복한

쏭쌤&이종대왕의

학급경영
놀이백과

초등학생과 선생님 모두 행복한
쏭쌤 & 이종대왕의 **학급경영 놀이백과**

제1판 제1쇄 인쇄 2019년 07월 15일
제1판 제1쇄 발행 2019년 07월 25일

지은이 송성근, 이종혁 **그린이** 김서리 **발행인** 조헌성 **발행처** (주)미래와경영
ISBN 978-89-6287-200-2 03370 **값 18,000원**
출판등록 2000년 03월 24일 제25100-2006-000040호
주소 (08590) 서울특별시 금천구 가산디지털1로 84, 에이스하이엔드타워8차 1106호
전화번호 02) 837-1107 **팩스번호** 02) 837-1108
홈페이지 www.fmbook.com **이메일** fmbook@naver.com

■좋은 책은 독자와 함께합니다.
책을 펴내고 싶은 소중한 경험이나 지식, 아이디어를 이메일 fmbook@naver.com로 보내주세요.
(주)미래와경영은 언제나 여러분께 열려 있습니다.

초등학생과 선생님 모두 행복한

쏭쌤&이종대왕의 학급경영 놀이백과

송성근, 이종혁 지음 | 김서리 그림

미래와경영

벌써 두 번째 책을 출간하게 되었습니다. 이번에는 혼자가 아닌 이종혁 선생님과 공동 작업을 해서 더욱 뜻깊은 시간이었습니다.

첫 번째 책인 〈쏭쌤의 놀이를 적용한 체육수업, 2019〉은 체육시간에 교실, 간이 체육실, 강당, 운동장 등 장소에 따라 쉽게 구할 수 있는 도구를 활용하여 수업할 수 있도록 한 책이었습니다. 이 책에서 선생님으로서 체육시간에 학생들을 어떻게 지도할지에 대한 새로운 아이디어를 제시했다면, 이번 책은 담임 선생님으로서 체육시간뿐만 아니라 교과 시간, 쉬는 시간, 틈새 시간 등 학급의 전반적인 운영에 도움이 되는 놀이를 정리하고자 하였습니다.

벌써 10년이 넘는 기간 동안 학급 담임 선생님으로서 학생들을 지도하며 느낀 것은 초등학교 담임 선생님은 여러 분야에 두루 능한 팔방미인이 되어야 한다는 점입니다. 교과별 학습지도, 생활지도, 학부모 상담, 계기교육, 교육주간운영, 학급운영 및 관리까지 기본적으로 해야 할 일이 정말 많은데다 사회적 요구까지 점점 많아지고 있습니다. 이러한 환경 속에서 담임으로서 행복하게 학교생활을 하기란 여간 어려운 일이 아닐 것입니다. 선생님으로서 행복하게 학교생활을 할 수 있도록 조금이나마 도움이 되고자 학급 담임 선생님의 경험과 다양한 놀이 콘텐츠 제작 노하우를 살려 놀이로 푸는 초등 학급경영을 주제로 이 책을 출간하게 되었습니다. 풍부한 놀이 콘텐츠와 신선한 노하우를 갖춘 두 선생님이 만나 해당 시기에 꼭 필요한 재미있는 활동을 모아 초등 담임 선생님의 학급경영에 도움을 주고자 합니다.

이 책에는 다음 영역의 내용이 담겨 있습니다. 학급운영의 전반적인 내용을 고루 담은 활동으로 직접 현장에 적용해 보고 선생님과 학생 모두 반응이 좋았던 놀이로만 엮었습니다. 주변에서 쉽게 구할 수 있는 자료만을 가지고 방법만 알면 바로 사용할 수 있는 현장 친화적인 활동입니다.

교과·학습놀이	해당 교과와 관련된 재미있는 활동 또는 차시·단원의 학습 정리용 활동
친교놀이	학급 학생들이 서로 친해질 수 있는 기회를 갖는 놀이
조작놀이	교육활동과 관련한 것을 만들고 꾸미며, 그것을 직접 활동에 활용한 놀이
계기놀이	특별한 날을 위해 준비한 즐거운 활동
신체놀이	신체를 이용한 교실놀이

이 책의 활동들을 다음의 책상 형태로 분류했습니다. 교실 놀이를 할 때 가장 걸림돌이 되는 부분이 책상입니다. 각 놀이를 할 때 자료를 적용하는 선생님 입장에서 책상을 어떤 형태로 놓고 할지에 대해 알기 쉽게 구분했습니다.

모둠형태	책상 4~6개를 붙여 모둠으로 만들어 활동에 활용하는 형태
의자원형	의자를 원형으로 만들어 활동에 활용하는 형태
학습형태	모둠이나 분단 등 평소 학습할 때의 형태
책상밀기	한쪽으로 책상을 밀고 좁은 공간을 활용한 형태
책상활용	경기장에 책상을 활용한 형태

이 책에서 나오는 놀이의 특징은 다음과 같습니다. 선생님이 시기적으로 필요로 했던 자료만을 모아 제시하였으며, 각 놀이별 활동 영상을 제공해 보다 쉽게 이해하고 보다 쉽게 적용시킬 수 있습니다.

1. 공간 활용도가 높고 안전사고가 적은 신체를 활용한 교실놀이 활동 제시
2. 기존에 있는 놀이가 아닌 새로운 아이디어로 만들어진 신박한 교실놀이 활동 제시
3. 수업준비는 최소화, 수업효과는 극대화할 수 있는 가성비 높은 친현장 수업자료 제시
4. 실제 현장에 적용해 보고 일반화하여 많은 선생님으로부터 극찬 받은 자료 제시
5. 월별 시기에 맞는 학급경영 필수 꿀템 자료 제시

놀이는 아이들에게 선택이 아닌 필수인 시기에 와 있습니다. 많은 놀이 중 해당 시기에 따라 꼭 필요하고 맞는 놀이를 찾는 것은 쉽지 않은 일입니다. 바쁜 일상 속 여유 있는 담임 선생님의 학급운영에는 뭔가 비법이 있을 것입니다. 이 책이 바로 그 비법이 되었으면 좋겠습니다.

마지막으로 이 책이 나오는 데 가장 많은 도움을 준 평생의 반려자인 김주영 선생님과 아들 송우현 군에게 감사한 마음을 전합니다. 그리고 책 출간 및 연수를 진행하자는 제안에 기꺼이 함께해주신 '이종대왕' 이종혁 선생님께 감사드립니다. 바쁜 일정 속에서 흔쾌히 삽화 작업을 해주신 김서리 선생님께 감사드립니다. 매주 1차시 놀이체육자료를 게시할 때마다 많은 호응과 격려를 보내주신 '쏭쌤의 놀이를 적용한 주간체육수업(네이버 밴드)'의 회원님과 '쏭쌤의 놀이체육(유튜브 채널)' 구독자분들께도 감사의 말씀을 전합니다. "이 세상에서 최고의 놀이(콘텐츠)는 아직 나오지 않았다."라는 생각으로 놀이·체육 콘텐츠를 앞으로도 열심히 개발하도록 하겠습니다. 아울러, 이 책을 바탕으로 만들어질 원격 직무연수에도 많은 관심 부탁드립니다.

쏭쌤, **송성근**

"책이 필요할까요?"

처음 출판을 제의받았을 때 제가 답한 말입니다. 말과 글로 아무리 자세히 설명해도 선생님들께 교실놀이를 정확히 이해시키는 것이 어려워 영상화하였는데, 이를 다시 글로 적는 것이 진정 효과적일지 의구심이 들었기 때문입니다.

그러나 교실놀이 강사로 몇 차례 활동하며 책이 필요하다고 생각하게 되었습니다. 선생님들은 놀이 자체를 배워 당장 쓸 수 있는 것도 중요하지만, 놀이 진행, 적용할 수 있는 교과 및 단원, 그리고 응용 방법에 대한 팁도 굉장히 소중하게 여기셨기 때문입니다. 제 유튜브에 있는 영상만 보고 바로 놀이를 진행하기에는 조금 불안하셨을 것입니다. 무턱대고 영상만 보여주고 놀이를 시켰다가 아이들이 혼란스러워하거나 분쟁이 일어날 수도 있고 안전사고가 발생할 수 있기 때문입니다. 그 불안감을 해소시키고 교실놀이를 학급경영 적재적소에 활용할 수 있는 특급 도우미가 바로 '책'임을 깨닫고 나서야 출판 제의를 수락하고 원고를 써나갔습니다. 그래서 놀이 설명뿐만 아니라 놀이 진행 요령, 적용 및 응용 팁을 쓰는 데 거의 대부분의 시간을 할애했습니다. 또한 제 유튜브를 이미 구독하고 계신 분들이 미처 영상에 담지 못한 많은 팁을 얻을 수 있도록 최선을 다해 열심히 집필했습니다.

이종대왕표 교실놀이는 기존의 교실놀이와 다릅니다. 선생님이 앞에서 쇼를 해야 하는 레크리에이션이 아닙니다. 한 모둠, 또는 한 팀이 놀이할 때 나머지 학생들은 가만히 앉아서 기다리고 있어야 하는 놀이가 아닙니다. 놀이 중간에 선생님이 계속 진행하고 개입해야 하는 진 빠지고 힘든 놀이가 아닙니다. 몇 분 자투리 시간에만 할 수 있는 놀이 또한 아닙니다.

이종대왕표 교실놀이는

1. 선생님의 놀이진행능력이 전혀 필요하지 않습니다.
2. 모든 학생이 동시에 참여하며 끊임없이 몰입합니다.
3. 일단 놀이가 시작되면 선생님이 중간에 진행하거나 개입하는 일이 거의 없습니다.
4. 최소 2~30분에서 길게는 2시간까지 교실놀이가 지속됩니다.
5. 놀이에서 끝나지 않고 학습으로까지 이어집니다.

아이들은 아이들끼리 놀 때 비로소 진정 놀고 있음을 느낍니다. 일화로 어떤 선생님이 아이들에게 공부를 열심히 하면 놀이를 시켜주겠다고 했습니다. 그래서 아이들이 정말 공부를 열심히 했고 선생님은 기쁜 마음으로 놀이를 진행하셨다고 합니다. 그렇게 놀이가 다 끝나고 한 학생이 선생님께 말했습니다.

"선생님 이제 놀아도 되죠?"

선생님은 놀이를 할 수 있는 구조와 시스템을 만들어 주고 그 안에서 아이들이 자기주도적으로 놀 수 있을 때 비로소 놀이다운 놀이를 할 수 있습니다. 이 책을 읽으신 후 예전의 힘든 놀이 진행 기억을 바탕으로 점철된 트라우마에서 벗어나 쉽고 편하게 아이들과 교실놀이를 실천하며 행복한 교실을 만들어 가시길 진심으로 바랍니다.

마지막으로 출판을 제안하고 끝없는 용기와 힘을 실어주신 '쏭쌤' 송성근 선생님, 글을 완성도 있게 편집해주신 '글쓰기의 신' 이보은 선생님, 그리고 편찬 방향과 원고 작업 등 모든 책 쓰기 과정에 깊게 관여해주신 배은영 선생님께 무한한 감사의 말씀을 전합니다. 항상 제 교실놀이를 믿고 응원해주시는 이종대왕 유튜브 구독자분들 사랑합니다!

이종대왕, **이종혁**

Contents

Part 05 방학 전 싱숭생숭한 마음 잡기

Part 06 방학 후 엉덩이가 무거워진 아이들을 위한 시간

Part 07 천고마비인데 난 왜 힘들지?

Epilogue

놀이 진행에 대한
시원시원한 Q&A

🎙️ "놀이를 하면 저희 반 아이들은 자꾸 갈등이 생깁니다. 놀이 시간의 반 이상은 갈등 해결에 보내는 것 같아요. 저의 진행에 문제가 있는 건가요?"

놀이에서 선생님의 역할은 스포츠에서 심판의 역할과는 많이 달라야 합니다. 놀이의 목적은 스포츠의 목적인 승패가 아닌 인성교육이기 때문입니다. 그래서 놀이를 할 때 선생님은 절대 심판만이 되어서는 안 됩니다. 기본적으로 반칙을 보는 심판이기도 하지만 그보다 인성교육을 하는 교육자라는 사실을 명심해야 합니다. 따라서 다음과 같이 분위기를 흐리고 아이들의 감정을 상하게 하는 요소들에 대해 강경하게 대응해야 합니다.

평화로운 놀이 분위기를 위해 사라져야 할 요소들

비난	놀이를 못하거나 반칙하는 친구를 비난하는 경우 ☞ 상대방의 기분을 상하게 하는 행위
고의 탈락	술래를 하고 싶거나 기타 다른 이유로 일부러 아웃되는 경우 ☞ 양심에 반하는 행위
대충	재미없다고 또는 그냥 귀찮아서 대충대충, 설렁설렁 놀이하는 경우 ☞ 성실성이 배제된 행위

심판질	비난하거나 화내진 않지만 계속해서 선생님의 판정에 개입하는 경우 ☞ 자신의 역할 망각, 승부욕이 과한 행위
재미없어	"재미없어요!", "다른 놀이해요!" 등 처럼 재미 여부로 놀이를 평가하는 경우 ☞ 놀이의 목적(인성교육, 재미는 부수적인 목적)을 망각하는 행위
패스	피구형 놀이를 할 때 계속 패스해달라고 하는 경우 (화를 내며 또는 부드럽게 "패스 패스!", "나한테 줘!"를 외치는 경우) ☞ 계속 주변에서 패스해달라는 말을 들으면 마음이 약해서 또는 부담감이 생겨 반강제적으로 패스를 하는 아이들이 생깁니다. 자신의 힘을 과시하기 위해서 힘 약한 친구의 공을 뺏는 경우도 있습니다. 친구의 말을 무시하기 미안해서, 친구가 무서워서 또는 패스를 안 하고 본인이 공격을 했다가 실패했을 경우가 두려워서 패스라는 소리에 기계적으로 반응하며 패스하게 되는 것입니다. 겉보기엔 패스를 외치는 아이들이 잘못한 것이 없어 보이지만, 사실 모두가 즐길 수 있는 분위기를 저해하는 심각한 요소입니다. 과연 놀이시간에 주체적인 판단 없이 수동적으로 패스만 하는 아이들이 재미있을까요? 물론 공 던지는 것이 놀이의 전부는 아닙니다. 하지만 아이들은 점점 흥미를 잃기 때문에 친구와 수다를 떨거나 딴 짓을 하는 아이들이 생기게 되는 것입니다. 반대로 패스라고 외치는 아이들을 선생님이 저지해준다면 그 아이들이 직접 공격을 부담 없이 해보며 점점 더 체육시간에 흥미를 가지게 됩니다. 실제로 제가 경영한 5~6학년 여학생들 중 체육시간을 싫어하는 학생은 거의 없었습니다. 이러한 규칙 안에서요.

위의 요소에 대응하는 방법은 놀이 전에 위의 요소(경우)를 자세히 설명해주고 "선생님이 너희에게 놀이를 시켜주는 이유는 오로지 인성교육 때문이다. 그냥 재미있어서 시켜주는 것이 아니다." 라고 놀이의 목적을 강조해야 합니다. 인성교육에 방해가 되는 행동에 대해서는 경고를 줄 것이고, 경고를 3번 받으면 3분 동안 퇴장하여 왜 퇴장을 받았는지에 대해 성찰한 후 3분 뒤 선생님께 그것을 이야기해야만 다시 놀이를 할 수 있는 규칙도 미리 공지합니다. 그 후 실제로 놀이할 때 매우 엄격하고 단호하게 경고를 주고 그 이유도 자주 얘기해주세요. 대부분 선량한(?) 학생들이 피해 받지 않고 즐겁게 놀이할 수 있도록, 그리고 위의 규칙을 어긴 학생들이 반성을 통해 좀 더 올바른 인성을 가질 수 있도록 인성교육자로서의 역할을 하는 것이 놀이에서는 매우 중요합니다.

🎙️ "좋은 놀이 영상을 보고 직접 적용해 보면 제 생각과는 다른 모습이 펼쳐져요. 어떻게 하면 재미있게 적용해 볼 수 있을까요?"

마음에 드는 놀이 영상을 보고 "저거 너무 재미있겠는데!"라고 생각하여 교실에서 적용해 볼 때 자신이 생각했던 것과는 다른 모습이 나올 때가 있으시죠? 공격과 수비의 밸런스가 안 맞는 경우, 아웃되는 빈도수가 많아 활동시간이 생각보다 짧은 경우, 학급 인원이 많아 활동공간이 좁은 경우 등이 있을 수 있습니다. 이럴 땐 활동 전 연습시간을 충분히 갖길 바랍니다.

학생들에게 놀이에 대한 설명 후 "지금부터 너희들이 얼마나 놀이를 이해했는지 연습을 해보겠어."라고 말하며 연습활동을 시켜봅니다. 활동 모습을 지켜보며 우리 반의 특성상 변형해야 할 거리를 생각해서 조금만 바꿔서 적용합니다. 술래의 숫자, 팀 인원, 공의 개수, 참여 시간, 참여 학생 수만 조금 바꾼다면 훨씬 안정감 있는 활동이 가능합니다. 또한, 조금씩 변형을 시도해봐야 선생님의 놀이 스킬도 향상되어 적용능력이 높아집니다. 연습시간 후 변경된 룰과 방법을 인지시킨 후 "지금부터 진짜 활동입니다!"라고 말하고 활동을 시키면 학생들도 이해력이 높아져 더욱 흥미진진하게 참여할 수 있습니다.

🎙️ "제가 심판을 보면 항상 아이들이 판정에 불만을 가집니다."

스포츠 경기에서 심판의 판정에 선수가 불만을 표출할 경우 경고도 없이 바로 퇴장을 줄 정도로 엄격하게 처리합니다. 놀이에서도 마찬가지입니다. 놀이 또한 규칙을 가지고 단체로 하는 스포츠이기 때문에 같은 규칙을 적용해야 합니다. 놀이 전에 야구나 축구 등 매우 유명한 스포츠 경기에서 심판의 판정에 불만을 표현했다가 가차 없이 퇴장당하는 이야기나 영상을 보여주는 것도 좋은 방법입니다. (유튜브에 '심판, 항의, 퇴장'을 검색하면 다양하게 나옵니다.)

아무리 인기가 많고 실력 좋은 스포츠 스타도 심판의 판정에 항의했다가는 가차 없이 퇴장당하는 것을 보여주며, 놀이에서 선생님의 판정에 불만을 가지면 역시 '퇴장'이라고 말해주세요. 실제로 바로 퇴장을 주지 않더라도 불만을 가진 학생들에게 경고를 주며 "심판 판정에 항의하면 어떻게 된다고 했나요?"라고 되물으면 대부분 수긍을 하고 인정할 것입니다.

🎤 "교실놀이 영상을 수업에 어떻게 활용하면 좋을까요?"

학생들이 잘 이해할 수 있는 수업자료는 영상이라고 생각합니다. 영상매체에 익숙한 세대인 학생들에게 활동 영상은 말과 이미지보다 효과적으로 다가옵니다. 선생님 입장에서는 칠판에 그림을 그려가며 말로 설명하면 훨씬 힘이 들기 때문에 교실놀이 영상을 활용하면 좋습니다.

활용 순서는 다음과 같습니다. 먼저 교실놀이 영상을 보여줍니다. 그리고 활동을 보며 이해가 안 가는 부분이 있으면 생각해 두고 영상을 모두 본 후 같은 팀이나 모둠끼리 서로 질문하고 답을 하라고 합니다. 일정한 시간 동안 협의 후, 서로 협의를 했음에도 모르는 부분이 있으면 전체적으로 선생님께 질문을 합니다. 이렇게 3명 정도의 질문만 받습니다. 그럼에도 질문이 많으면 "이 질문은 정말 중요해서 꼭 물어봐야 한다."라는 질문만 몇 개 받고 경기장을 세팅합니다. 경기장 모습이 나온 영상을 일시정지해서 보여주며 최대한 비슷하게 경기장을 설치한 후 활동을 시작합니다. 교실놀이 영상을 수업시간이 아닌 쉬는 시간에 보여줘서 수업 중 활동시간을 늘릴 수도 있습니다. 본 책에 소개된 모든 자료에 활동 영상이 포함되어 있기 때문에 선생님과 학생 모두 편하게 활동에 적용해 볼 수 있습니다.

<이종대왕 유튜브 화면>

<'쏭쌤의 놀이체육' 유튜브 화면>

17

🎙 "술래를 하려고 일부러 아웃된 아이들 때문에 진행이 힘들어요."

사실 어떤 놀이를 진행하든 규칙을 설명할 때 "일부러 아웃되면 안 돼요."라는 말까지 굳이 하는 선생님들은 많지 않습니다. 놀이 방법과 규칙을 설명하기도 바쁘고 설명 후 바로 시범이나 연습 후 놀이를 진행하는 경우가 보통이기 때문에 아이들은 일부러 아웃되는 것을 반칙이라고 생각하지 않고 편법을 쓰는 경우가 참 많습니다.

따라서 술래가 있는 놀이에서 놀이 전에 "선생님은 이 놀이를 10번도 넘게 많은 아이들에게 진행해보았고 항상 술래가 하고 싶어 일부러 아웃되는 학생들을 봤습니다. 그렇기 때문에 여러분 중 누군가가 일부러 아웃되고 술래를 한다면(술래를 하고 싶어 일부러 아웃된다면) 선생님은 단번에 그것을 알 수 있습니다. 선생님은 인성교육을 위해 놀이를 하는 것이므로 일부러 아웃되어 양심을 어기는 학생들에게는 경고를 주겠습니다. 경고를 3번 받으면 3분간 퇴장을 당하게 됩니다."라고 단호하게 말해주면 그런 아이들이 생기지 않으며 설사 있더라도 단호하게 경고를 주어야 합니다. 그리고 위에 언급했듯이 심판의 경고 판정에 불만을 가지면 바로 퇴장이라고 한 번 더 강조하는 것도 좋습니다.

🎙 "놀이를 하다 보면 문제 상황이 자주 생겨요. 원활한 놀이 진행을 위한 좋은 방법이 있을까요?"

선생님과 학생 모두 행복한 교실놀이 시간이 되기 위해서는 몇 가지 약속이 필요합니다. 이 약속을 지키지 않는다면 즐거운 놀이 활동을 할 수 없다는 것을 학생들에게 인지시킵니다. 다음은 제가 학생들에게 활동 전 놀이할 때 지켜야할 매너를 지도한 내용입니다.

- 놀이를 통해? 혼자가 아닌 함께 즐길 때 비로소 행복해진다.
- 놀이를 잘 즐기기 위해? 다음의 매너를 지키며 활동할 때 계속해서 즐길 수 있다.

  • 첫 번째, 놀이 매너 : 소리나 악 지르지 않기!
    혼자의 기분을 혼자만의 방법으로 표현하지 않는다.
    - 자기만을 생각하는 친구와는 함께 놀고 싶지 않아요.

- 두 번째, 놀이 매너 : 규칙을 지키며 반칙하지 않기!
  놀이의 방법을 제대로 이해하고 규칙을 지켜 활동한다.
  - 반칙을 쓰는 친구와는 함께 놀고 싶지 않아요.

- 세 번째, 놀이 매너 : 우기거나 떼쓰지 않기!
  실수나 반칙, 아웃을 바로 인정하며 상대를 배려한다.
  - 우기거나 떼쓰는 친구와는 함께 놀고 싶지 않아요.

- 네 번째, 놀이 매너 : 혼자가 아닌 함께 즐기기!
  자신의 즐거움만을 채우기보다 함께할 때의 즐거움을 생각한다.
  - 이기적인 친구와는 함께 놀고 싶지 않아요.

위의 내용을 학생들에게 지도한 후 칠판에 아래의 놀이 상황판을 붙여서 활용합니다. 수업을 시작하기 전 [규칙 지키기] 칸에 자석을 붙이고 매너를 잘 지켜 활동할 때 [잘하고 있어요]로 한 칸씩 이동하며, 매너를 지키지 않고 활동할 때 [그러면 안돼요]로 한 칸씩 이동합니다. 활동에 대한 평가는 문제 상황이 나올 때마다 활동을 멈추고 평가하는 것이 아니라 라운드가 끝나거나 활동 중간 지점에서 종합적으로 평가해서 자석으로 칸을 이동시킵니다.

에) "전체적으로 소리 지르지 않고 차분하게 활동을 정말 잘했어요. 그래서 [잘하고 있어요]로 한 칸 이동합니다."
"활동 중간에 몇 명이 반칙을 사용했어요. [그러면 안돼요] 칸으로 한 칸 이동합니다."

그리고 활동 후 자석이 멈춘 곳이 [그러면 안돼요] 라면 상황에 따라 다음에 한 번만 더 이런 상황이 발생하면 놀이를 하지 않겠다고 강하게 이야기하며 단호하게 활동을 중단할 필요가 있습니다. 활동 종료 시 [잘하고 있어요] 칸이라면 다음에도 이렇게 놀이를 즐겨보자고 하며 활동을 마무리 하면 됩니다.

선생님이 "소리 지르지 마!" 하며 더 이상 악 지르지 말고 부드러우면서도 강하게 놀이 상황 중간중간 학생들에게 인식시키며 선생님과 학생 모두 행복하게 놀이를 즐기길 바랍니다.

🎙 **"게임 진행을 하면 진이 빠지고 힘들어요."**

제가 단호하게 말씀드릴 수 있는 것은 쏭쌤과 이종대왕의 놀이는 그렇지 않다는 것입니다. 기존 놀이들은 선생님이 앞에서 즐겁게 해주어야 되거나 계속 진행하고 개입해야 하는 유형, 한 모둠 또는 팀이 놀이를 할 때 나머지 학생들은 기다리거나 구경만 하게 되는 유형이 많습니다. 이러한 형태의 놀이에서는 당연히 선생님은 진이 빠질 수밖에 없습니다. 진행은 진행대로 계속하면서 중간중간에 놀이에 참여하지 않는 아이들이 떠들면 조용히 시키고, 문제가 생기면 중재까지 해야 하기 때문입니다.

예를 들어 스피드 퀴즈 한 번쯤은 진행해보셨죠? 아이들이 참 좋아하는 놀이이나 진행이 쉬우셨나요? 한 모둠이 앞에서 스피드 퀴즈를 할 때 다른 아이들은 조용히 있어야 하고 집중해야 하지만 늘 아이들이 마음처럼 따라주던가요? 분명 앉아 있는 학생들이 시끄럽게 떠들어서 주의를 준 적도 있을 것이고, 실수로 답을 말해버리는 아이 때문에 진행에 방해를 받은 적도 있을 것이며, 앉아 있는 아이들끼리 트러블이 일어나 중재한 적도 있을 겁니다. 저도 스피드 퀴즈를 하면 꼭 이런 일들이 일어났었거든요.

하지만 이 책에 나오는 셀프 스피드 퀴즈는 모든 아이들이 동시에 스피드 퀴즈를 하는 놀이 형태이며, 쉬는 아이들이 없기 때문에 선생님이 특별히 개입해야 하는 상황이 생기지 않습니다. 당연히 선생님은 진이 빠질 일도 없습니다. 이종대왕과 쏭쌤이 소개하는 다른 놀이들에서도 마찬가지로 선생님의 진행과 개입이 최소화된 구조이기 때문에 믿고 놀이를 진행해보길 바랍니다.

Part 01

학기 초, 필수 놀이

01

자연스럽게 이름과 얼굴 익히기 놀이

(#친교놀이)

이름 릴레이 놀이

이름으로 낱말 만들기

이름 릴레이 놀이

책상 형태 | 학습형태

준비물 | 학생들 이름이 적힌 학습지

활동 영상 보러가기

#이름외우기 #학기초 #어색한_이름외우기는_그만!

활동 소개

학기 초에 꼭 하는 한 명씩 앞에 나와 자기 소개하거나 자신의 이름을 이야기하고 친구들의 이름을 외우는 활동! 학생들이 너무 어색해 하고 부끄러워 해서 참기 힘들었던 경험 다 있으시죠? 활발하게 활동할 수 있으며 부끄럽고 어색하지 않게 친구들의 이름까지 외울 수 있는 재미있는 방법을 소개합니다! '이름 릴레이 놀이'의 매력에 빠져보세요.

🔍 놀이 전 준비

1) 한 칸에 한 글자씩 아이들의 이름이 적힌 학습지를 1부 복사한다.

이	선	아
남	보	원
장	동	건

2) 한 글자씩 가위로 자르고 두 번 접어 바구니에 넣는다.
3) 교실 가운데에 바구니를 놓는다.
4) 모둠 대형으로 만들고 모둠 내에서 1번, 2번, 3번, 4번과 같이 순서를 정한다.

🔍 놀이방법

1) 놀이가 시작되면 1번 학생이 바구니에서 카드를 뽑고 모둠으로 와서 확인한다.
2) 그 다음 2번 학생도 바구니에서 카드를 뽑고 모둠으로 와서 확인한다.
3) 3번 학생도 같은 과정을 반복한다.
4) 카드는 3장까지만 가지고 있을 수 있기 때문에 4번 학생은 3장의 카드 중 가장 필요 없는 카드 한 장을 2번 접어 바구니에 반납하고 새로운 카드를 뽑아 모둠으로 가지고 온다.
5) 1번 학생이 다시 필요 없는 카드를 두 번 접어 반납하고 새로운 카드를 가지고 온다.
6) 번호대로 돌아가면서 위의 과정을 반복하다 카드 3장으로 반 친구의 이름이 만들어지면 그 친구에게 모둠 전체가 가서 하이파이브를 한다.
7) 완성된 이름 카드는 두 번 접어 반납하고 다시 놀이를 시작한다.

활동유의사항 ─────────────────────────────

① 각 모둠은 카드를 3장까지 가질 수 있지만, 모둠에 3장의 카드가 있는데 카드를 반납하지 않고 새로 가져와서 4장이 되는 경우가 있다. 따라서 놀이 전 한 모둠을 예로 들며 시범을 보여준다.
② 마음이 급해 한 명이 종이를 계속 뽑아오는 역할을 하는 경우가 있다. 모두가 돌아가며 종이를 뽑아야 된다고 놀이 전에 강조한다.
③ 짝을 찾은 아이들이 카드를 접어 반납하고 놀이를 새로 시작할 때 본인들이 반납

했던 것을 기억하고 다시 집을 수 있다. 짝을 찾은 모둠이 나오면 선생님은 바구니 옆에서 기다렸다가 카드를 반납하면 바구니를 한 번 섞어준다.

놀이활용 Tip

1. '이름찾기' 대신 '단어찾기'로 변형할 수 있다. 똑같은 규칙으로 카드를 가져오다가 단어가 나오면 그 단어를 칠판에 붙이고 계속 놀이를 한다. 예를 들어 우유라는 단어가 나오면 우유를 칠판에 붙이고 계속 카드를 뽑으며 놀이를 한다. 한 글자 단어는 1점, 두 글자 단어는 2점, 세 글자 단어는 3점으로 채점한다.
2. 이름 릴레이 형식으로 학습에 활용할 수 있다. 자세한 설명은 89page '릴레이 짝 찾기'를 참고하면 된다.

친교놀이

이름으로 단어 만들기

책상 형태 | 모둠형태
준비물 | 미니 화이트보드, 마커, 지우개, 타이머

활동 영상 보러가기

#이름놀이 #낱말만들기 #친교놀이

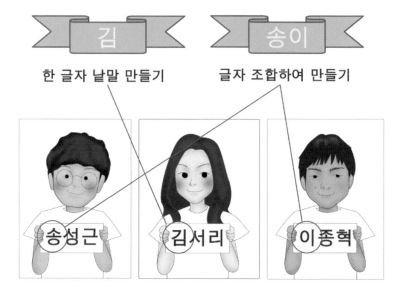

활동소개

학기 초 친구들의 얼굴과 이름을 자연스럽게 익힐 수 있는 놀이입니다. 4~5명씩 모둠이 되어 각자의 이름을 소개하며 이름을 쓰고, 그 이름을 한 음절로 나누어 새로운 단어를 만듭니다. 단어를 만들 때 한 음절의 단어도 허용해서 정해진 시간(5분) 동안 최대한 많은 단어를 만든 모둠이 승리합니다. 정해진 시간 후 새로운 모둠을 만들어 활동하며 최대한 많은 친구와 즐겁게 얼굴과 이름을 익히며 활동해 보기 바랍니다.

26

활동의 실제

🔍 놀이 전 준비

1) 활동 전 4~5개 책상을 붙여 모둠으로 구성한다.

2) 모둠별로 미니 화이트보드나 종이 1장을 준비한다.

3) 활동 전 몇 개의 이름으로 함께 단어 만들기를 해본다.

📝 놀이방법

1) 모둠원과 서로 인사하며 자신의 이름을 말한다.

2) 미니 화이트보드나 종이 1장에 자신의 이름을 적는다.

3) 모둠원 모두의 이름을 적은 후 이름을 한 음절씩 끊어 새로운 단어를 만든다.

    - 한 음절의 단어도 허용해서 최대한 많은 단어가 나오게 한다.

      예) 김, 박, 성 등

    - 단어는 국어사전에 나올 만한 단어를 적는다.

4) 정해진 시간(5분) 후 모둠마다 몇 개의 단어를 만들었는지 확인한다.

5) 가장 많은 단어를 만든 모둠이 승리한다.

6) 선생님의 신호에 따라 자연스럽게 새로운 모둠을 만들어 앉는다.

    - 모둠마다 남자와 여자가 섞여 앉을 수 있게 성비를 정해준다.

7) 한 명의 책상과 의자를 빼고 '나는 ○○○를 좋아해' 놀이를 5판 정도 진행하면 자연스럽게 새로운 모둠을 만들 수 있다.

8) 같은 방식으로 모둠원과 자신의 이름을 소개하며 인사를 한다.

9) 정해진 시간 동안 최대한 많은 단어를 만들 수 있게 서로 협력하며 활동한다.

활동유의사항

① 새로운 모둠을 구성할 때 짧은 시간(10초)을 주고 무조건 지금 모둠에서 일어나 다른 모둠으로 가게 한다.

② 친교활동의 의미를 살리기 위해 친구들과 편하게 이야기 나누며 즐겁게 활동하게 한다.

놀이활용 Tip

1. 활동 전 몇 명의 이름을 가지고 단어를 어떻게 만드는지 설명한다. (어절과 단어의 뜻 알려주기)

2. 활동 후 만든 단어의 개수를 셀 때 미니 화이트보드를 칠판에 붙여 만든 단어가 맞는지 함께 확인한다.

3. 함께 만든 단어로 모둠별 스피드 퀴즈를 한 후 맞힌 개수로 승리팀을 선정해도 좋다.

4. 자연스럽게 자리를 옮겨 모둠을 바꿀 때 '나는 ○○○를 좋아해' 놀이를 진행한다.

   - 책상과 의자를 1개 빼고 술래가 선 후 객관적 기준을 가진 문장을 말한다.

   예) "나는 안경 쓴 친구를 좋아해."에 해당하는 학생은 다른 모둠으로 자리를 옮겨 앉으며 자리에 못 앉은 학생이 술래가 된다. 자연스럽게 5판 정도를 진행하면 새로운 모둠이 만들어진다.

5. 학기 초나 친구사랑의 날, 틈새시간을 이용해 활용한다.

02

학기 초, 초조함을 날려줄 초간단 놀이

(#친교놀이)

안녕! 가위바위보 놀이

친구와 함께 만세 놀이

안녕! 가위바위보 놀이

책상 형태 | 학습형태
준비물 | 없음

활동 영상 보러가기

활동소개

등·하교 시간에 학생들끼리 어떻게 인사를 나누나요? 보통 친한 친구끼리만 인사를 나누는 경우가 많습니다. 자연스럽게 상대방 얼굴을 보며 이름 부르고 손뼉 치며 인사를 하는 건 어떨까요? '안녕! 가위바위보 놀이'는 정해진 승수나 패수를 쌓은 후 선생님과 악수하는 인사놀이입니다. 고학년인 경우 남녀끼리 먼저 가위바위보를 한 후 동성끼리 할 수 있게 하여 평소 얼굴만 보고 이름은 부르지 않던 친구와도 자연스럽게 인사를 나눌 수 있습니다.

활동의 실제

🔍 놀이 전 준비

1) 등교시간 : 학생들이 대부분 등교한 8시 50분쯤 활동을 한다.

2) 하교시간 : 가방을 메고 집에 갈 준비를 모두 마친 후 활동을 한다.

📝 놀이방법

1) 등교시간과 하교시간에 주변의 친구와 눈빛을 교환하며 마주본다.

2) 손을 들어 "○○아 안녕?" 인사를 주고받은 후 하이파이브 가위바위보를 한다.

  - 하교시간에는 "○○아 잘 가!" 하고 인사한다.

3) 주변의 다른 친구를 만나 자연스럽게 인사를 나눈다.

  - 가끔 이성끼리 먼저 인사를 한 후 동성끼리 하도록 한다.

4) 밝은 표정으로 하이파이브 가위바위보를 한다.

5) 가위바위보로 정해진 승수(7승)만큼 이기면 선생님께 와서 반갑게 악수 인사를 한다.

  예) 선생님 : "오늘은 7패를 모아오세요!"

  - 정해진 승수(7승) 또는 패수(7패)를 번갈아 가며 진행하고, 하이파이브 인사를 해도 좋다.

6) 이기거나 진 횟수를 채우기 위해 열심히 친구들과 반가운 마음으로 인사한다.

  - 정해진 승수 또는 패수를 다 채워 선생님과 인사를 끝냈어도 아직 채우지 못한 친구를 위해 인사를 한다.

7) 등교 인사를 하고 나서 책상에 앉아 조용히 아침활동을 한다.

활동유의사항

① 여러 명의 친구와 고루 하이파이브 가위바위보를 한다.

② 친구의 얼굴을 보고 이름을 부르며 인사 후 가위바위보를 한다.

③ 정해진 승수, 패수를 완료한 친구도 남은 친구를 위해 놀이에 참여한다.

놀이활용 Tip

1. 승수나 패수는 학급 인원에 따라 재량으로 정한다.

2. 남녀끼리 먼저 인사를 한 후 동성끼리 인사를 실시해도 좋다.

3. 가위바위보 대신 묵찌빠, 하나빼기 가위바위보를 해도 좋다.

친구와 함께 만세 놀이

책상 형태 | 학습형태
준비물 | 없음

활동 영상 보러가기

#가위바위보_놀이 #친구사랑_주간 #지금바로_초간단

활동소개

학기 초 친구들과 서먹서먹한 관계를 깨는 방법으로 놀이가 최고라고 생각합니다. 친구들과 하이파이브 가위바위보를 하며 즐겁게 3명을 모아 친구 이름을 부르며 만세를 외치는 놀이입니다. 즐거운 분위기 속에서 돌아다니며 거리낌 없이 여러 명의 친구들과 활동을 할 수 있습니다. '친구와 함께 만세 놀이'를 통해 더욱 친해지는 기회를 가졌으면 좋겠습니다.

📝 놀이방법

1) 모두 팔짱을 낀 채 돌아다닌다.

2) 친구를 만나 서로 인사를 나눈 후 하이파이브 가위바위보를 실시한다.

3) 가위바위보에서 진 친구가 이긴 친구의 뒤로 가서 어깨 위에 손을 한다.
   - 가위바위보에서 이긴 친구는 팔짱을 낀다.

4) 팔짱을 낀 친구들끼리 만나 가위바위보를 한다.
   - 가위바위보를 해서 지면 팔짱을 낀 친구 뒤의 친구가 가위바위보를 이긴 팔짱을 낀 친구 뒤로 가서 어깨 위에 손을 한다.
   - 가위바위보를 해서 졌는데 팔짱 낀 친구 뒤로 친구가 없다면 팔짱 낀 친구가 뒤로 가서 어깨 위에 손을 한다.

5) 가위바위보를 해서 팔짱을 낀 친구 뒤로 3명이 모이면 팔짱 낀 친구를 앞에 놓고 친구의 이름을 부르며 만세를 3번 외친다.
   예) "송성근 만세! 송성근 만세! 송성근 만세!"

6) 만세를 모두 외쳤으면 각자가 팔짱을 끼고 다시 돌아다닌다.

7) 자기 이름의 만세를 외친 횟수를 세서 5번이 되면 선생님께 와서 하이파이브를 한다.

8) 하이파이브를 한 후 선생님 옆에 앉는다.

9) 다음으로 성공한 학생은 선생님과 하이파이브, 1등 친구와 하이파이브를 한다.
   - 이런 식으로 성공을 한 후 친구들과 하이파이브를 계속 이어서 한다.

10) 절반 이상이 성공하면 1라운드를 마치고 같은 방식으로 2라운드를 실시한다.

활동유의사항 ——————————————————————————————

① 다양한 친구를 만나며 활동하도록 한다.

② 팔짱을 정확하게 하도록 지도하고 팔짱 낀 친구들끼리만 하이파이브 가위바위보를 하게 한다.

③ 친구의 이름을 정확하게 부르며 만세를 외치게 한다.

놀이활용 Tip

1. 팔짱 낀 친구 뒤로 3명이 아닌 4명이 모이면 만세를 외치게 해도 좋다.
   - 라운드가 올라갈 때마다 모이는 인원수를 한 명씩 늘린다.
2. 하이파이브 가위바위보가 아닌 묵찌빠나 하나빼기 가위바위보를 해도 좋다.
3. 책상을 밀고 해도 되고 책상을 그대로 놓고 빈 공간에서 활동해도 된다.
4. 학기 초나 친구사랑의 날, 틈새시간을 이용해 활용한다.

03

원 하나로 하나 되는 놀이, 원하나요?

(#신체놀이)

MIX 가위바위보

MIX 마피아

바운딩 피구 놀이

MIX 가위바위보

책상 형태 | 의자원형
준비물 | 없음

활동 영상 보라가기

#모든학년 #쉽고간편 #열광하는 #국민놀이

활동소개

'MIX 가위바위보'는 국민놀이인 '당신의 이웃을 사랑합니까?'와 '과일바구니'의 단점을 보완하고 장점은 살려 전 학년이 모두 즐길 수 있는 놀이입니다. 고학년은 물론이고 저학년도 선생님의 개입 없이 물 흐르듯 진행되는 훌륭한 놀이입니다.

놀이 전 준비

1) 의자로 원 대형을 만든다.
2) 한 개의 의자를 뺀다.
   예) 30명이면 29개의 의자를 사용한다.

놀이방법

1) 술래는 뽑기 프로그램 등을 이용하여 정하고, 술래는 원 대형의 가운데에 서 있는다.
2) 술래는 손을 번쩍 들고 "가위바위보!"를 외치며 가위바위보를 한다.
3) 나머지 학생들도 같이 가위바위보를 한다.
4) 술래에게 지거나 비긴 학생들은 다른 자리로 이동하며, 자리를 이동하는 기준은 선생님 재량으로 정한다.
   예) 이긴 사람만 자리 바꾸기, 지거나 이긴 사람이 자리 바꾸기 등
5) 자리에 앉지 못한 학생이 다음 술래가 된다.
6) '술래에게 3번 걸리면 장기자랑을 한다.'의 규칙을 추가하여 긴장감을 더할 수도 있다.

활동유의사항

① 술래는 손을 번쩍 들고 가위바위보를 하도록 한다. 손을 번쩍 들지 않으면 술래의 등 뒤에 있는 학생들은 술래가 무엇을 냈는지 볼 수 없기 때문이다.
② 장기자랑으로 무엇을 시켜야 할지 어려워하는 선생님들이 있다. 장기자랑은 대단한 것이 아니다. '코끼리 코 10바퀴 돌고 균형 잡기, 요즘 유행하는 춤추기' 등 간단한 장기자랑도 좋다. 혼자 생각하기 어려울 때는 아이들에게 의견을 물어보면 다양한 장기자랑이 나온다.
③ 필자의 경우 아이들의 의견을 묻고 10가지 정도 정한 후 모두 함께 연습했다. 그리고 추첨함에 넣은 후 벌칙이 필요할 때마다 추첨함에서 장기자랑을 뽑아 시켰다. 이미 연습해본 장기자랑이기 때문에 아이들이 자신 있게 할 수 있었다.
④ 장기자랑을 할 때 긴장감에 온몸이 굳어서 아무것도 못하는 아이들이나 못하겠다고 주저하는 아이들이 있다. 이럴 땐 '흑기사 제도'를 이용한다. 한 반에는 꼭 1~2명씩 친구들 앞에 서는 것을 좋아하는 아이들이 있기 마련이다. "친구를 도와서 장기자랑을 같이 해줄 사람?", 이 한마디면 충분하다.

놀이활용 Tip

1. 처음에는 규칙 적응을 위해 '가위바위보해서 지는 사람이 자리를 바꾸는 것'과 같이 간단한 기준을 적용한다. 몇 번의 놀이 후 아이들이 규칙에 충분히 적응했다면 좀 더 복잡하게 '지거나 비긴 사람 모두 자리를 바꾸는 것' 등과 같이 기준을 변경한다.
2. MIX 가위바위보는 더 이상 말할 것이 없을 정도로 간단하고 완벽한 국민놀이이다.

MIX 마피아

책상 형태 | 의자원형
준비물 | 없음

활동 영상 보러가기

#모든학년 #쉽고간편 #열광하는 ▾ 🔍

보~!

마피아는 승패
상관없이 무조건!!

일어서야 한다!!

가위 바위 보
진 사람

활동소개

'MIX 마피아'는 MIX 가위바위보에 또 하나의 국민놀이 '마피아 게임'을 결합했습니다. 고학년에게도 어려운 마피아 게임을 저학년도 할 수 있도록 획기적으로 변형하였습니다. 아이들이 열광하는 대표적인 이종대왕 콘텐츠입니다.

활동의 실제

🔍 놀이 전 준비

1) 의자로 원 대형을 만든다.
2) 한 개의 의자를 뺀다.
   예) 30명이면 29개의 의자를 사용한다.

📝 놀이방법

1) 모두가 엎드린 상태에서 선생님이 마피아 5명을 정한다.
   - 25명에서 30명 기준으로 마피아는 5명이 적당하다.
2) 앞에 소개한 MIX 가위바위보처럼 술래는 원 대형의 가운데에 서 있는다.
3) 시민들은 술래와 가위바위보를 한다. 이때 술래는 손을 번쩍 들고 가위바위보를 한다.
4) 술래에게 지거나 비긴 학생들은 다른 자리로 이동한다.
   - 자리를 이동하는 기준은 선생님 재량으로 정한다.
   예) 이긴 사람만 자리 바꾸기, 지거나 이긴 사람이 자리 바꾸기
5) 마피아는 지거나 비겼을 때뿐 아니라 이겨도 무조건 자리를 바꾼다.
6) 가위바위보를 5회 진행한다.
   - 시민들은 놀이를 하는 동안 마피아를 추측한다.
   - 속으로 추측할 뿐 자신의 생각을 말하지 않는다.
7) 가위바위보 5회를 한 후 시민들은 마피아 세 명을 추천한다.
   - 마피아 역시 시민인 척하며 발표할 수 있다.
8) 3명의 마피아 후보가 정해지면 거수로 최종 후보를 결정한다.
9) 최종 후보 1인이 정해지면 후보는 정체를 밝힌다.
10) 최종 후보가 시민이든, 마피아이든 정체만 밝혀질 뿐 시민으로 놀이에 계속 참여한다.
    - 이 부분이 기존 마피아 게임과 다른 MIX 마피아만의 차별점이다.
11) 이후론 가위바위보 3회 실시 후 마피아 추천을 받는다.
12) 시민들은 세 번까지 틀릴 수 있다. 세 번 모두 틀릴 때까지 마피아 5명을 찾지 못하면 마피아의 승리! 네 번 틀리기 전까지 마피아 5명을 찾으면 시민의 승리로 놀이가 종료된다.
    - 최종 후보가 마피아일 경우, 시민들이 맞힌 것으로 기회가 사라지지 않는다. 하지만 최종 후보가 시민일 경우, 시민들은 한 번의 기회를 잃게 된다.

활동유의사항

① 일반적인 '마피아 게임' 외에도 보통의 놀이에서 탈락하는 학생은 더 이상 놀이에 참여하지 못하거나 오랜 시간 놀이에서 배제되는 경우가 많다. 하지만 MIX 마피아에서는 탈락한 학생도 계속 놀이에 참여할 수 있는 장점이 있다. 게다가 진행도 훨씬 간편하고 저학년까지도 쉽게 할 수 있다.

② 자리를 바꿀 때 천천히 돌아다니며 누가 계속 자리를 바꾸는지 안 바꾸는지 보는 아이들이 종종 있다. 일부러 천천히 자리를 바꾸는 아이들에게는 경고를 준다.

놀이활용 Tip

1. 놀이가 항상 시민들의 승리로 끝난다면 시민들의 관찰 기회를 줄인다. 예를 들어, 가위바위보 5회 후 마피아 추천을 받았다면 4번이나 3번 혹은 그 이하로 줄인다. 또는 시민이 가지고 있는 세 번의 기회를 2번이나 그 이하로 줄인다.
2. 반대로 항상 마피아가 승리한다면 시민들의 관찰 기회를 늘리거나 마피아를 맞힐 수 있는 기회를 늘린다. 즉, 규칙은 융통성 있게 조절한다.

바운딩 피구 놀이

책상 형태 | 의자원형
준비물 | 의자(인원의 절반), 공, 점수판

활동 영상 보러가기

#바운딩공_피해라 #부활하는_피구 #안전한_피구

활동소개

교실에서 신체 움직임이 많은 놀이를 하기는 어렵죠? '바운딩 피구 놀이'는 공격팀이 원형 의자에 앉아 바운딩된 공으로 상대팀을 맞히는 놀이입니다. 좁은 공간에서 바운딩된 공으로 공격을 하면 비교적 안전하고 재미있게 할 수 있는 놀이입니다. 피구라고 생각하니 급한 성격의 학생은 바로 던져서 맞히려고 하는데, 바로 던져 맞히면 반칙입니다. 공에 맞아 아웃된 학생은 간단한 신체 벌칙 후 점수를 올리고 다시 놀이를 할 수 있어 학생들이 계속해서 활동에 참여하는 장점이 있습니다.

활동의 실제

놀이 전 준비

1) 교실의 책상을 한쪽으로 밀고 학생 수 절반에 해당하는 의자를 원형으로 배치한다.
2) 본 놀이를 하기 전 공격 연습을 실시한다.
   - 1회 이상 패스 후 공격을 시도한다.
   - 공격은 두 손으로 공을 바닥으로 바운딩시킨다.
   - 두 팀 모두 똑같은 시간 동안 공격 연습을 실시한다.
   - 공격 연습 시간을 충분히 가지면서 파울을 이해시킨다.

놀이방법

1) 수비팀이 원안으로 들어가 선다.
   - 공격팀에 방해가 되지 않게 최대한 원 안쪽으로 선다.
2) 한 번 이상 패스 후 공을 두 손으로 바운딩시켜 상대팀을 맞힌다.
   - 패스는 바로 옆 친구에게 한다.
   - 패스하는 이유는 친구를 위해 배려하며 활동하기 위함임을 강조한다.
3) 바운딩되어 아웃된 학생은 원 밖으로 나가 간단한 벌칙(팔벌려 뛰기 3회) 후 점수(실점)를 올리고 다시 경기장에 들어온다.
   - 파울로 인해 점수가 마이너스가 나올 수 있으므로 놀이 시작 점수는 5점으로 한다.
   - 간단한 벌칙의 종류 및 실시 여부는 재량으로 정한다.
   - 파울로 인한 득점 상황일 때는 선생님이 올리고, 실점일 때는 수비팀 학생이 올리도록 한다.
4) 다음과 같은 경우는 파울이며 공에 맞아도 아웃되지 않고 득점한다.
   - 패스 없이 바로 공격한 경우
   - 공이 원형 의자 밖으로 빠져나간 경우
   - 공을 직접 던져서 상대팀을 맞힌 경우
   - 3초 이내에 패스 또는 공격을 안 한 경우
   - 바운딩된 공이 천장에 닿은 경우
   - 그밖에 무리한 플레이로 선생님께 지적받은 경우
5) 절반에 해당하는 시간에 공격과 수비를 교대한다.
6) 점수판의 실점이 많은 팀이 진다.

활동유의사항

① 공격할 때 공을 바로 던져 다치는 경우가 없도록 한다.

② 수비할 때 좁은 영역에서 피해야 하므로 무리하게 움직이다가 옆 친구가 다치지 않게 주의한다.

놀이활용 Tip

1. 공격 전 패스 횟수는 0회~2회 등 재량으로 정한다.
2. 본 놀이 전 공격 연습은 3분 이상씩 하여 충분히 활동 방법을 익히게 한다.
3. 두 팀의 공격과 수비 시간은 같은 시간을 준다.
4. 점수판이 없다면 칠판에 '바를 정(正)'으로 점수를 적는다.

04

학기 초,
환경구성과 놀이
(#조작놀이)

아바타 자기소개
12달 플랜 & 팽이+뽑기 놀이

조작놀이

아바타 자기소개

책상 형태 | 학습형태
준비물 | 풀, 가위, 색칠도구, 도안

활동 영상 보러가기

#학기초 #학부모총회 #진로미술

활동소개

정신없이 바쁜 학기 초, 학사 일정에 있는 '학부모총회' 글자가 보일 때마다 환경정리를 어떻게 하나 걱정하지 않았나요? 화려하진 않지만 아이들 한 명 한 명의 특성을 살릴 수 있는 의미 있는 활동! 바로 '아바타 자기소개'입니다.

(도안파일은 블로그 https://blog.naver.com/ljh6969-꿀잼미술목록에서 다운받으세요.)

🔍 주요 제작 과정

놀이활용 Tip

1. 학부모총회 대비 3월 환경정리로 활용한다. 화려하고 예쁜 게시판보다 아이들 개성이 담긴 의미 있는 게시판을 학부모는 더 선호한다. 학부모뿐만 아니라 아이들도 친구들의 자기소개를 쉬는 시간마다 볼 수 있기 때문에 서로를 알기에 유용하다.
2. 다양한 교과에 활용 가능하다.
   - 진로교육에 활용하여 아이들의 진로와 관련된 특성들로 자기소개판을 꾸며도 된다.
   - MBTI 검사 등의 성격검사를 한 후 그 내용을 말풍선에 담아 환경판을 꾸미는 것도 서로를 이해하는 데 도움이 된다.
   - 사회교과도 가능하다. 3학년 사회 우리 고장에서 우리 고장을 소개하는 말풍선으로 꾸며도 된다.
   - 저학년 실과에 자주 나오는 우리 가족 소개, 나의 친구 소개 등으로도 쓰일 수 있다.
3. 이외에도 무궁무진하게 활용 가능하다.

12달 플랜 & 팽이·뽑기 놀이

책상 형태 | 학습형태
준비물 | 색종이, 학습지, 포스트잇

활동 영상 보라가기

#팽이_돌리기 #뽑기_놀이 #12달_플랜   🔍

팽이돌리기+뽑기놀이

활동소개

색종이를 접어 액자 모양의 틀에 자신의 계획을 세워 적고 학급 환경판에 붙여 매달 계획 및 각오를 적습니다. 액자 모양의 색종이 접기를 이용해 팽이를 만들어 놀 수 있으며, 팽이 부분에 화살표를 붙여 뽑기 놀이도 가능합니다. 학기 초 연간 계획으로 '12달 플랜 & 팽이·뽑기 놀이'를 즐겨 보기 바랍니다.

주요 제작 과정

팽이 손잡이 | 색종이 3장을 준비한다.

팽이 손잡이 | 네 모서리를 접어 올린다.

팽이 손잡이 | 한번 더 네 모서리를 접어 올린다.

팽이 손잡이 | 또 한번 더 네 모서리를 접어 올린다.

팽이 손잡이 | 안쪽으로 접어 불가사리 모양을 만든다.

팽이 몸통1 | 네 모서리를 접어 올린다.

팽이 몸통1 | 네 모서리를 접어 올린다.

팽이 몸통1 | 안쪽 모서리를 바깥쪽으로 접는다.

팽이 몸통1 | 팽이 손잡이와 결합한다.

팽이 몸통2 | 네 모서리를 안쪽으로 접고 펼친다.

팽이 몸통2 — 네 모서리를 안쪽으로 접고 펼친다.

팽이 몸통2 — 접힌선을 이용하여 화면처럼 안쪽으로 넣는다.

팽이 몸통2 — 접힌선을 이용하여 천천히 안쪽부분을 바깥쪽으로 접는다.

팽이 몸통2 — 접힌선을 이용하여 천천히 안쪽부분을 바깥쪽으로 접는다.

팽이 몸통2 — 화면처럼 안쪽부분을 바깥으로 접는다.

팽이 몸통2 — 바깥쪽으로 나와있는 삼각형부분을 안쪽으로 접는다.

팽이 몸통2 — 삼각형부분을 안쪽으로 접어 넣는다.

팽이 몸통2 — 천천히 안쪽으로 집어 넣는다.

놀이활용 Tip

1. 팽이를 접어서 누가 오래 돌리나 대결을 한다. (팽이 놀이)
2. 팽이에 포스트잇을 붙여 화살표를 만든 후 돌려 걸린 사람은 벌칙을 수행한다. (뽑기 놀이)
   - 벌칙의 종류 : 발표, 모둠을 위한 봉사, 모둠원이 정한 가벼운 벌칙(귀여운 표정 짓기 등)
3. 팽이접기 방법을 이용해 학습지를 접은 후 학급 환경판에 붙여 매달 자신의 이번 달 계획 및 각오를 적은 종이를 끼워 넣는다. (12달 플랜)
   - 12달 플랜 활동을 학급 환경판에 붙여 놓고 적을 때 매달 초에 해당 달의 계획 또는 각오를 적게 한다.
   - 지난달 계획에 대한 평가 시간 및 이번 달의 계획을 생각하고 적는 시간을 주기적으로 갖는다.
   - 팽이를 돌려 뽑기에 걸리면 주저하지 않고 바로 벌칙을 수행하는 분위기를 만든다.
   - 유튜브 영상을 활용해 색종이 접는 방법을 천천히 따라 할 수 있게 한다.
   - A4종이 접기와 색종이 접기 모두 같은 방법이기 때문에 한 번 익히면 잘 만들 수 있다.
   - 12달 플랜 & 팽이·뽑기 놀이 중 원하는 활동을 골라서 할 수 있다.
   - 12달 플랜 활동을 매달 초에 하여 그 달의 각오를 스스로 다지는 시간을 정기적으로 갖는다.

놀이 운영 SOS

"재미없다고 분위기를 초치는(다른 놀이하자고 말하는) 아이들 때문에 마음이 상합니다."

앞에서도 강조했지만 놀이를 하는 이유가 '인성교육' 때문이라는 점을 놀이 전에 항상 아이들에게 강조하고 각인시킵니다. 그리고 놀이 중 재미없다고 다른 놀이하자는 불만 섞인 소리가 들리면 잠시 놀이를 멈추고 "우리가 지금 이 놀이를 하는 이유가 단지 재미 때문인가요?"라고 물어보고, 대부분 아이들이 재미가 아닌 인성교육이라고 답하면 "그렇다면 재미없다고 말하는 아이들은 놀이 대신 다른 방법(학습지)으로 인성교육을 받길 원하나요?"라고 되물어봅니다.

또한 항상 놀이 전에 재미없다고, 다른 놀이하자는 이야기를 선생님이 들으면 앞으로 인성교육을 놀이로 하는 일은 없을 것이라고 단호하게 공지하세요. 아이들은 의외로 몰라서 그런 말들을 쉽게 내뱉는 것이지, 미리 그런 상황에 대해 설명하고 공지하면 잘 알아듣습니다.

Part 02

새봄에 배워 봄!

05

학부모 공개수업용
대박활동

(#교과·학습)

셀프 스피드 퀴즈

가위바위보 학습놀이

셀프 스피드 퀴즈

활동 영상 보러가기

책상 형태 | 학습형태
준비물 | A4용지, 노란 바구니

#메타인지 #자기주도적 #학부모공개수업용

활동소개

학생들은 스피드 퀴즈를 참 좋아합니다. 그래서 많은 선생님이 즐겨 사용하고 계십니다. 하지만 기존의 스피드 퀴즈 방식에는 문제가 있습니다. 한 모둠이 스피드 퀴즈를 할 때 다른 학생들은 구경만 해야 한다는 점입니다. 한시도 집중 못 하는 아이들인데 자신의 차례를 기다리며 또는 자신의 차례를 마친 후 다른 모둠의 스피드 퀴즈를 조용히 지켜보는 것이 가능할까요? 당연히 통제하기 힘든 상황이 나오기 마련입니다. 계속 떠들거나 딴짓을 하는 학생들, 자기도 모르게 실수로 답을 말하는 학생들이 그 예입니다. 또 소극적인 학생들은 기어들어 가는 목소리로 문제를 설명해서 또는 한 문제도 정답을 맞히지 못해서 선생님을 속상하게 만들기도 합니다. 너무나도 공감하지요?

효율성 측면에서 생각해봐도 스피드 퀴즈는 아쉬운 점이 있습니다. 퀴즈를 하는 40분 동안 학생 한 명이 실제로 문제를 푸는 시간은 얼마나 될까요? 이러한 문제에도 불구하고 아이들은 스피드 퀴즈를 참 좋아합니다. 그래서 선생님의 관점에서는 여간 고민되는 것이 아닙니다.

그래서 '셀프 스피드 퀴즈'가 탄생했습니다. 문제도 아이들이 직접 만듭니다. 학생 한 명당 최소 8개 이상의 문제를 출제하게 되고 만들어진 250개 이상의 문제로 모든 학생이 돌아가며 실컷 풀 수 있습니다. 모르는 문제가 나오면 반납 후 다른 문제를 가져와서 풀 수 있기 때문에 부담도 적습니다. 모둠원끼리 하기 때문에 부끄럽고 긴장될 일도 없습니다. 그저 신나게 자신의 모든 지식을 총동원해서 아이들과 놀면서 공부하면 됩니다. 이종대왕 추천 최고의 학습놀이라고 자신할 수 있습니다.

활동의 실제

🔍 놀이 전 준비

1) A4용지 한 장을 세 번 접어 8칸으로 만든다.
   - 네 번 접어 16칸으로 만들 수도 있으며, 이면지를 활용할 수도 있다.
2) 모둠 대형으로 만들고 모둠 내에서 1번, 2번, 3번, 4번과 같이 순서를 정한다.
3) 출제 범위를 정한다.
   예) 사회 1단원 단원 정리
4) 문제가 골고루 출제되도록 출제 범위를 나눈다.
   예) 1~10쪽까지 각 모둠의 1번, 11~20쪽까지 각 모둠의 2번….
5) 출제 범위 내의 중요한 단어들로 칸을 채우며, 한 칸에는 하나의 단어를 적는다.
6) 문제 만드는 시간은 20분 정도 준다. 문제를 빨리 만든 학생은 A4용지를 새로 받아 문제를 더 만든다.
7) 문제를 다 만든 학생은 A4용지를 문제에 맞춰 자르고 두 번 접어 바구니에 넣는다.
8) 바구니는 교실 가운데에 놓는다.
9) 남은 20분 동안은 모둠 친구들과 서로 문제를 내고 맞히며 이후에 있을 셀프 스피드 퀴즈 대비 연습을 한다.

1) 놀이가 시작되면 모둠의 1번 학생부터 바구니에서 문제를 가져온다.
2) 자신의 모둠원들에게 문제를 설명한다.
   - 기존 스피드 퀴즈처럼 말로 설명한다.
3) 정답이 나오면 그 문제는 보관하고(점수로 인정) 2번 학생이 바구니에서 문제를 뽑아온다.
4) 정답이 나오면 3번 학생, 그 다음 4번 학생 순으로 문제를 뽑아 모둠원들에게 설명한다.
5) 모르는 문제가 나왔을 경우에는 다시 2번 접어 반납하고 새 문제를 뽑는다.
6) 글씨를 알아볼 수 없는 문제는 폐지함에 버리고 새 문제를 뽑는다.
7) 일정 시간이 지난 후 가지고 있는 문제가 가장 많은 팀이 승리한다.

활동유의사항

① 승부욕으로 인해 답을 대놓고 알려주는 학생들이 있는데, 이를 방지하기 위해 놀이 전에 미리 양심에 대한 교육을 하고 놀이 진행 중에도 수시로 임장 지도한다.
② 이 놀이를 교사 커뮤니티에 소개했을 때 어떤 선생님께서 이런 댓글을 달았다.

'문제 내는 것을 어려워하는 아이들도 있을 것 같습니다. 공책 정리할 때 문제 만들기를 훈련하거나 좋은 문제 예시 보여주기, 평소 친구들이 낸 문제를 확인하고 평가하기(우수한 학생은 상장이나 칭찬 등 보상 제공) 등 선생님의 피드백이 있으면 좀 더 효과적일 거라 생각됩니다.'

이에 필자는 이렇게 답글을 달았다.

'처음에는 단어를 문장으로 설명하는 것을 어려워하는 학생이 많습니다. 하지만 셀프 스피드 퀴즈를 거듭할수록 못하는 학생들은 잘하는 학생들의 문제 내는 법을 익히게 되고, 어느새 자신도 따라 문제를 내게 됩니다.'

놀면서 배우는 것이 최고의 학습이다. 그리고 선생님보다 또래에게 배우는 것이 학습 효과를 더 높일 수도 있다. 눈높이에 딱 맞기 때문이다.

놀이활용 Tip

1. 강한 승부욕으로 설명을 제대로 하지 않고 답을 입 모양으로 이야기하거나 단어의 절반을 말하는 등의 꼼수를 부리는 학생들이 있다. 이때는 '스파이 제도'를 이용한다. 모둠의 한 명이 스파이가 되어 다른 모둠으로 이동해서 다른 모둠과 같이 문제를 맞추는데, 스파이가 다른 모둠에서 정답을 맞히면 자신의 모둠으로 가져갈 수 있다. 꼼수 부리는 모둠을 걱정하지 않아도 되며 심지어 '스파이'라는 역할을 너무 좋아하는 아이들까지 생겨 일석이조의 효과를 얻을 수 있다.

2. 아이들이 몰라서 반납한 문제는 따로 다른 바구니에 넣게 하고 놀이가 끝난 후 그 단어들을 다시 설명하며 몰랐던 단어들을 보충해서 설명한다.

3. 셀프 스피드 퀴즈는 학부모 공개수업에 제격이다. 학부모들은 우리 아이는 왜 이렇게 소극적일까, 왜 발표는 하지 않을까 하고 내 자녀의 수업 태도만 뚫어지게 보고 있다. 그런 시선이 아이들은 부담스럽고 선생님 또한 모든 아이가 골고루 활동하는 모습을 보여주어야 하기 때문에 부담스럽다. 셀프 스피드 퀴즈는 놀이이기 때문에 아이들이 적극적으로 나설 수밖에 없다. 또 학습놀이이기도 하기 때문에 학습 정도도 보여줄 수 있다. 학부모, 아이들, 선생님 모두 만족할 수 있는 수업이라고 자신한다.

4. 학부모 공개수업 때 셀프 스피드 퀴즈를 활용한다면 '학부모찬스' 쪽지를 적당히 포함시킨다. 아이들이 활동하다가 '학부모찬스' 쪽지를 뽑으면 학부모를 모셔오고 그 학부모가 문제를 다시 뽑아 아이들에게 설명하는 형식이다. 진정 학부모(참여) 공개수업이 될 수 있지 않을까?

가위바위보 학습놀이

책상 형태 | 학습형태
준비물 | 종이, 연필, 팀조끼

활동 영상 보러가기

#재미난_공부 #핵심단어 #단어_버리기

활동소개

선생님의 설명을 듣고 대답하는 방식의 수업에서 벗어나 학생들이 자연스럽게 스스로 문제를 내고 맞히는 형식의 놀이입니다. 배운 내용에서 각자 정해진 개수의 단어를 적고 자유롭게 돌아다니며 친구를 만나 가위바위보를 한 후 진 학생이 자신이 적은 단어를 설명하고 이긴 학생은 답을 맞히는 형태의 놀이입니다. 답을 서로 맞히면 적은 단어 종이를 선생님에게 제출하며, 자신이 가진 모든 종이를 먼저 없애야 우승하는 놀이로 차시 또는 단원 학습 정리용으로 좋은 놀이입니다.

59

활동의 실제

🔍놀이 전 준비

1) 활동 전 공부한 내용을 복습하며 종이에 핵심단어 8개를 적는다.
- 적은 단어는 자신이 말로 설명할 수 있어야 하기 때문에 자연스럽게 학습을 할 수 있다.

📝놀이방법

1) 자신이 적은 핵심단어 종이를 가지고 다니며 한 명의 친구를 만난다.
2) 서로 가위바위보를 한 후 진 학생이 이긴 학생에게 자신의 핵심단어를 보고 설명한다.
- 가위바위보는 하이파이브 가위바위보로 진행하여 친구 간의 친밀도를 높인다.
3) 가위바위보를 이긴 학생은 진 학생이 설명하는 단어를 맞히기 위해 노력한다.
- 답을 말할 수 있는 기회는 2번까지로 정한다.
4) 만약, 답을 말했다면 이긴 학생이 진 학생에게 자신의 핵심단어를 설명할 수 있다.
- 답을 말하지 못했다면 서로 인사를 하고 헤어진다.
5) 가위바위보에서 진 학생도 2번 이내에 단어를 맞힌다.
- 답을 말하지 못했다면 서로 인사를 하고 헤어진다.
6) 두 명 모두 서로의 단어를 맞혔다면 핵심단어 종이를 가지고 선생님에게 가서 제출한다.
7) 같은 방식으로 돌아다니며 다른 학생들과 활동을 이어간다.
8) 가장 빠르게 자신이 가진 모든 핵심단어 종이를 선생님에게 제출한 학생이 우승한다.
9) 먼저 다 끝낸 학생은 찬스맨 또는 찬스우먼이 되어 활동한다.
- 찬스맨 또는 찬스우먼인 학생에게 팀조끼를 입혀준다.
- 핵심단어를 대신 설명해 주거나 설명하는 핵심단어를 맞혀 줄 수 있다.
- 도움을 줄 수 있는 기회는 한 사람당 한 번씩이다.
10) 모든 학생이 핵심단어 종이를 선생님에게 제출하면 활동은 끝난다.
- 학생들이 제출한 핵심단어 종이는 추후 보물찾기 학습놀이에 활용할 수 있다.

활동유의사항

① 활동에서 우승에 집중하기보다는 모든 학생이 재미있게 활동에 참여하며 자연스럽게 학습할 수 있는 분위기를 만든다.
② 모든 학생이 활동을 끝마칠 때까지 시간과 기회를 제공한다.
③ 찬스맨과 찬스우먼을 활동에 바로 투입시키기보다 상황을 봐서 활동이 늦어지거나 어려워하는 친구가 많이 보일 때 투입한다.

놀이활용 Tip

1. 핵심단어를 적을 때 학습한 내용에서 적도록 하며, 자신이 말이나 몸으로 설명할 수 있게 활동 전 충분히 학습할 수 있는 시간을 준다.

2. 핵심단어뿐만 아니라 핵심문장을 이용해도 좋다.

3. 국어 또는 사회 단원의 차시나 단원 정리 활동으로 좋다.

4. 친교놀이로 핵심단어 대신 친구 이름을 적고 친구를 말로 설명하는 놀이로 해도 좋다.

5. 말이나 표정, 몸짓을 이용해서 설명해야 하며 핵심단어를 직접적으로 말하는 것은 반칙이다.

6. 개인전으로 활동하다 활동을 먼저 끝낸 친구는 찬스맨 또는 찬스우먼이 되어 활동하는 친구를 도와줄 수 있다.

7. 선생님에게 제출한 핵심단어 또는 핵심문장 종이는 잘 보관해 두었다가 보물찾기 학습놀이에 이용해도 좋다.

보물찾기 학습놀이

06

통통 튀는 소통부자!
협력놀이

(#친교놀이)

철인 5종 경기

원바운딩 놀이

철인 5종 경기

책상 형태 | 학습형태
준비물 | 500ml 물병 6개

활동 영상 보러가기

#협동 #도전 #흥미

활동소개

'교실올림픽'이라는 놀이가 있습니다. 여러 종목을 구성하여 교실에서 올림픽처럼 할 수 있는 놀이입니다. 이 놀이의 단점은 한 종목당 한 명의 모둠 대표가 나와서 놀이를 하고 나머지 학생들은 대기해야 된다는 점입니다. 한시라도 가만히 있기 힘들어 하는 아이들에게 놀이를 그냥 구경하게 하는 것은 여간 힘든 일이 아니며, 그것을 통제해야 하는 선생님 역시 힘이 듭니다. 철인 5종 경기는 교실올림픽의 단점을 보완하여 모든 학생이 끊임없이 여러 종목에 참여할 수 있도록 구성한 놀이입니다.

활동의 실제 ―――――――――――――――――――――――――――――

🔍 놀이 전 준비

1) 모둠 대형으로 만든 상태에서 최대한 가운데로 모인다.
  - 교실의 양 옆, 앞, 뒤 공간을 최대한 확보한다.
2) 교실 양 옆, 앞, 뒤 공간에 교실에 있는 분리수거함 서랍이나 박스, 큰 바구니, 우유통 등을 띄엄띄엄 놓는다.
  - 최소 3개에서 최대 모둠 수만큼 놓는다.
3) 각 모둠별로 물이 반쯤 든 500ml 물통 한 개를 준비한다.

📝 놀이방법

1) 첫 번째 경기는 균형감각을 요하는 '물병 던져 세우기'이다.
  - 물병을 제자리에서 던져 바닥에 세우는 단순한 놀이이다.
  - 모둠원이 모두 한 번씩 성공하면 미션 완료로 다음 경기로 넘어간다.
2) 두 번째 경기는 정확도를 요하는 '실내화 농구'이다.
  - 바닥에 놓여 있는 상자나 우유통에서 열 걸음 떨어져 선다.
  - 발을 대각선 위로 차서 실내화 한 켤레를 상자에 골인시킨다.
  - 모둠원 모두가 한 번씩 성공하면 미션 완료로 다음 경기로 넘어간다.
3) 세 번째 경기는 집중력을 요하는 '369 테스트'이다.
  - 모둠끼리 369 테스트를 하여 40까지 성공하면 미션 완료로 다음 경기로 넘어간다.
4) 네 번째 경기는 표현력 테스트인 '몸으로 끝말잇기'이다.
  - 말 없이 몸으로 표현하여 끝말잇기를 한다.
    예) 첫 번째 학생이 몸으로 지렁이 표현 - 두 번째 학생이 지렁이의 이로 시작하는 다른 단어를 몸으로 표현….
  - '몸으로 끝말잇기'를 해서 한 바퀴 돌면 미션 완료로 다음 경기로 넘어간다.
5) 최종 경기는 협동심을 요구하는 '실내화 옮기기'이다.
  - '실내화 농구'를 했던 상자 앞에서 모둠원들이 등을 대고 차례로 눕는다.
  - 상자와 제일 멀리 떨어져 있는 학생이 실내화를 발로 잡아 옆 사람에게 넘겨준다.
  - 발로 넘겨받은 학생은 다음 옆 사람에게 실내화를 발로 넘겨준다.
  - 마지막 학생은 발로 실내화를 받아 박스에 골인시킨다.
  - 연속으로 실내화 3켤레를 골인시키면 미션 성공이다.

활동유의사항

① '물병 던져 세우기'에서 물병을 너무 높게 던지지 않는다.

② '실내화 농구'에서 실내화를 살짝 차는 것이 골인될 확률이 높다고 안내하면 실내화가 여기저기 날아다니는 일을 방지할 수 있다.

③ 여러 차례 실패한 아이들의 마음이 흔들려서 반칙을 하지 않도록 양심이 필요한 경기임을 강조한다.

놀이활용 Tip

1. 각 단계의 미션 성공 기준을 줄이거나 늘려 융통성 있게 난이도와 시간을 조절한다.
2. 각 단계의 미션을 다른 종목으로 바꿀 수 있다.
   예) 공기놀이로 50살까지 가기, 제기 한 번씩 차서 10개 이상 차기 등
3. 미션을 더 추가하거나 줄이는 것도 자유자재로 가능하다.

원바운딩 놀이

책상 형태 | 모둠책상
준비물 | 공(모둠당 1개), 타이머

활동 영상 보러가기

#집중력_향상 #간단_바로_적용 #팀협력_굿

활동소개

교실에 있는 책상을 활용한 놀이 어떤가요? 책상을 6개씩 붙여 그 위로 공을 원바운딩시키는 간단한 놀이입니다. 내 앞으로 온 공을 손바닥으로 공의 아랫부분을 치는 놀이로 팀이 협력해서 많은 개수를 유지한 팀이 이깁니다. 혼자서 연속해서 할 수 없으며 팀의 일부만 참여해서도 안 됩니다. 라운드별로 정해진 시간 동안 원바운딩시킨 개수를 세서 총 합산 또는 최고기록으로 최종 우승팀을 결정하는 팀 협력놀이입니다.

활동의 실제

놀이 전 준비

1) 의자를 모두 뺀 상태에서 책상 6개씩 4모둠을 만든다.
2) 칠판에 팀별 점수판을 그린다.

　예) 2분, 3라운드

3) 5~7명이 한 팀으로 공 1개를 가지고 책상 주위에 선다.

놀이방법

1) 시작 신호와 함께 공을 아래에서 위로 살짝 책상에 던지며 시작한다.
2) 손바닥을 이용하여 공의 아랫부분을 친다.
3) 책상 위에서 공이 한 번 바운딩이 되게 유지한다.
4) 자신의 앞에 오는 공을 살살 바운딩시키며 바운딩 개수를 센다.

- 공이 언제오든 받을 수 있도록 미리 준비하며 협력한다.
- 바운딩 개수를 모둠원이 함께 소리를 내며 센다.

5) 다음과 같은 경우는 개수 세는 것을 멈춘다.

- 한 사람이 연속해서 공을 친 경우
- 팀의 1~2명만 공을 친 경우
- 공이 책상 밖으로 나간 경우
- 공이 손 이외의 신체에 맞은 경우

6) 공을 치는 방식을 다음과 같이 변형할 수 있다.

- 주로 사용하지 않는 손으로 공치기
- 피구공 또는 탁구공으로 공치기
- 정해진 방향 순으로 공치기

7) 정해진 시간(3분) 동안 가장 많이 한 개수를 기억한다.

- 실수를 한 개수는 제외하고 성공한 개수를 누적해서 승패를 가려도 좋다.

8) 라운드 총 합산 또는 최고 기록을 세운 모둠이 우승한다.

활동유의사항

① 팀의 일부만 참여하지 않도록 한다.
② 한 사람이 연속해서 공을 치면 반칙이다.
③ 못하는 학생에게 비난보다는 격려하며 팀이 협력한다.

놀이활용 Tip

1. 라운드별로 팀원을 바꾸며 활동한다.

2. 몸에 맞고 원바운딩되거나 공이 밖으로 나간 것을 쳐서 책상 위에서 원바운딩되는 것도 허용한다.

3. 놀이 후 학생들에게 다음과 같은 질문을 해서 놀이의 의미를 되새겨 본다.

　예) 자신의 팀이 이기기 위해서는 스스로 공을 어떻게 쳐야 하나요?

　예) 우리 팀원이 실수할 때는 어떻게 해야 할까요?

07

지금 바로 시작! 과학의 달 활동

(#조작놀이)

빨대로켓

트릭페이퍼아트

빨대로켓

책상 형태 | 학습형태

준비물 | 가위, 풀, 테이프, 빨대 1개, 채색도구(매직 추천)

활동 영상 보러가기

#로켓 #과학의달 #융합과학 ▾ Q

활동소개

만들기 자체도 재미있지만 작품으로 재미있는 놀이까지 다양하게 할 수 있다면 금
상첨화겠지요? 빨대로켓을 통해 상상력과 창의력을 발휘하여 재미있는 만들기 시
간을 보내고 만들어진 로켓을 활용하여 즐거운 놀이를 해보세요.

(도안파일은 블로그 https://blog.naver.com/ljh6969-꿀잼미술목록에서 다운받으세요.)

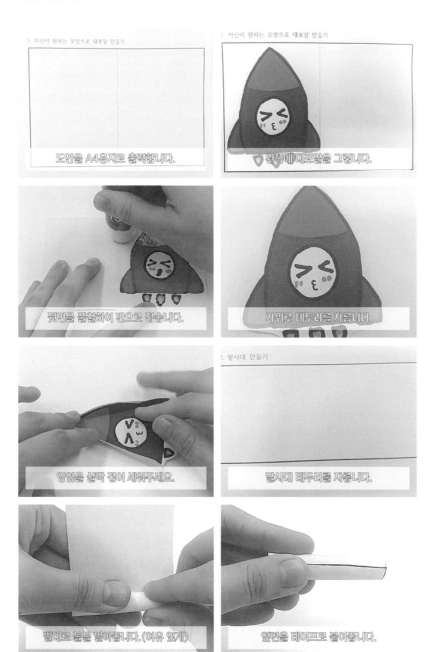

1. 자신이 원하는 모양으로 대포알 만들기

도안을 A4용지로 출력합니다.

1. 자신이 원하는 모양으로 대포알 만들기

원쪽에 대포알을 그립니다.

뒷면을 풀칠하여 반으로 접습니다.

가위로 테두리를 자릅니다.

양옆을 살짝 접어 세워주세요.

2. 발사대 만들기

발사대 테두리를 자릅니다.

빨대로 몸통 말아줍니다.(여유 있게)

앞면을 테이프로 붙여줍니다.

한쪽 끝을 눌러 테이프로 막습니다.

로켓과 발사대를 테이프로 붙입니다.

빨대는 적당히 잘라 발사대에 붙습니다.

후~ 불어 로켓을 발사해봅시다.

놀이활용 Tip

1. 빨대로켓을 활용해서 여러 가지 종목의 교실올림픽을 할 수 있다.
   ① 로켓투호경기 - 로켓을 바구니에 투호처럼 골인시키는 경기이다.
   ② 로켓멀리뛰기 - 로켓을 누가 멀리 날리나 대결한다.
   ③ 로켓양궁 - 바닥에 테이프로 과녁판을 만들고 로켓으로 양궁경기를 한다.
   ④ 로켓볼링 - 종이컵을 세워놓고 로켓으로 쏴서 넘어뜨리는 경기이다.
2. 빨대로켓을 어떤 재료나 모양으로 변형하면 잘 날아갈지 모둠별로 연구하여 빨대로켓을 만들어 보는 것도 좋다. 실제로 다양한 빨대로켓이 나오고 더 잘 날아가는 로켓을 만들어 내기도 한다. 과학과 미술, 실과를 융합하여 수업에 적용해보고, 과학의 날 활동으로도 적합하다.

트릭페이퍼아트

활동 영상 보러가기

책상 형태 | 학습형태

준비물 | 도안, OHP필름, 색연필, 싸인펜, 파스텔

#트릭아트 #착시현상 #꿀잼미술

활동소개

포털 사이트에서 상위 인기 검색어 중 하나는 '착시' 현상입니다. 특히 10대가 '착시'를 검색한 사람들 중 높은 비율을 차지합니다. 그만큼 신기한 현상은 아이들의 호기심을 유발하는 좋은 소재입니다. 트릭페이퍼아트는 자신이 직접 그린 그림이 움직이는 효과를 볼 수 있어 아이들이 매우 신기해하며 재미있어 합니다.

(도안파일은 블로그 https://blog.naver.com/ljh6969-꿀잼미술목록에서 다운받으세요.)

🔍 주요 제작 과정

도안은 A4용지, 줄무늬 도안은 OHP필름으로 출력한다.

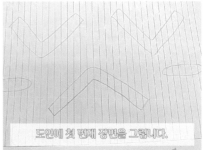

도안에 첫 번째 장면을 그립니다.

OHP필름으로 가렸을 때 보이는 부분을 체크한다.

보이는 부분만 검은 싸인펜으로 테두리를 그립니다.

테두리를 칠한 부분만 색칠하고 나머지 연필선을 지워줍니다.

두 번째 장면을 연필로 그립니다.

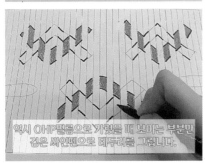

역시 OHP필름으로 가렸을 때 보이는 부분만 검은 싸인펜으로 테두리를 그립니다.

색칠하고 연필선은 지워줍니다.

나머지 배경을 꾸며줍니다.

OHP필름두장을 좌우로 움직이며
작품을 감상합니다.

놀이활용 Tip

1. 다양한 아이디어가 나올 수 있도록 자료를 많이 보여준다. 예를 들어 인터넷에 '웃긴 움짤'
   을 보여주면 아이디어를 떠올리는 데 도움이 된다.
2. 다양한 교과에 활용 가능하다.
   - 미술 교과의 애니메이션과 같은 움직임 요소가 있는 영역이나 개성을 표현하는 영역에
     서 활용 가능하다.
   - 색의 성질과 대비를 배운 후 적용할 수 있다.
   - 실과나 미술의 사진찍기 활동에서 활용 가능하다.
   - 미술이나 국어시간에 자신의 경험을 표현하는 단원에서 활용 가능하다.
   - 수학에서 규칙성을 배운 후 적용할 수 있다.

놀이 운영 SOS

"책상을 옮기기가 힘들어 활동시키기가 부담스러워요. 좋은 방법이 없을까요?"

교실놀이를 할 때 힘든 점 중에 하나가 바로 책상을 옮기는 일이죠. 그래서 책상을 옮기지 않고 바로 할 수 있는 놀이가 반응이 좋습니다. 어쩔 수 없이 책상을 옮기고 해야 하는 활동은 쏭쌤의 '책상 테트리스 놀이'(유튜브 검색) 방법을 활용해 보기 바랍니다. 책상을 그냥 밀라고 하면 자기 책상만 밀거나 대충 밀어서 빈틈이 많이 생겨 정작 활동할 수 있는 공간이 부족한 경우가 발생합니다.

그래서 생각한 아이디어가 '테트리스' 게임이었습니다. 빈틈없이 차곡차곡 쌓으면 이길 수 있는 테트리스 놀이처럼 학생들에게 책상을 옮겨 빈틈없이 잘 이동시키도록 하였습니다. 각 팀에게 서로 밀어야 하는 책상과 이동할 곳을 정해준 후 누가 먼저 책상을 안전하고 빈틈없이 미는지를 대결하는 놀이입니다. 본 활동 전 준비놀이로 활용하면 시간과 공간을 더욱 효율적으로 관리할 수 있습니다. 팀을 나눠 경쟁을 하는 방법도 있지만 반 전체가 책상을 다함께 미는 데 걸린 시간을 도전해 보는 활동도 좋습니다. 지난 시간 책상 전체를 미는 데 1분이 걸렸다면 오늘은 55초에 도전해 보는 거죠. 단, 빠르게 밀다가 책상이 넘어지거나 누군가 손이 끼여 다치는 경우가 절대로 발생하면 안 된다고 강하게 유의시킨 후 활동해야 합니다. 모두가 협력하며 책상을 미는 놀이를 통해 책상 옮기는 부담감이 조금이나마 줄었으면 좋겠습니다.

Part 03

가족과 함께여서 더욱 행복한 '가정의 달' 큰 선물

08

'어린이날'이라고
기대했구나?

(#신체놀이)

교실 피구

벽치기 피구

교실 피구

책상 형태 | **책상활용**
준비물 | **피구공**

활동 영상 보러가기

#꿀잼 #대박 #교실에_피구를?

활동소개

대부분의 선생님이 '교실 피구'를 자주 들어보셨지만 실제로 해볼 엄두가 나지 않아서 못 하는 경우가 있습니다. 하지만 미세먼지와 한정된 강당 이용 시간으로 아이들이 놀 수 있는 공간과 시간이 부족한 요즘, '교실 피구'는 아이들에게 큰 기쁨과 즐거움을 줄 수 있는 어린이날 선물 같은 놀이입니다. 진행도 쉬우며 안전하게 경기할 수 있습니다.

활동의 실제

놀이 전 준비

1) 거울과 같은 깨지기 쉬운 물건은 사물함 위에 올려놓는다.

2) 교실 곳곳에 올려져 있는 물건들도 모두 바닥에 내려놓는다.

3) 창문은 우드락을 올려 가리거나 블라인드를 내린다.

4) 학생 책상 위도 모두 비운다.

5) 서로 마주보게 책상을 돌린다.(3분단과 2분단 절반 vs 2분단 절반과 1분단)

6) 양 팀의 남녀 비율을 맞춘다.

놀이방법

1) 의자에 앉아서 피구할 뿐, 일반적인 피구 규칙과 동일하다.

- 단, 의자에서 엉덩이를 떼고 공을 던지거나 잡는 것은 반칙이다.

2) 각 팀의 첫 번째 줄은 서로를 아웃시킬 수 없다.

- 첫 번째 줄에 앉은 상대팀이 공을 던질 때 자기 팀의 첫 번째 줄 학생들은 블로킹을 하여 팀을 보호할 수 있다.

3) 공에 맞아 아웃되었을 경우 선생님의 자리 기준 왼쪽 팀은 칠판 쪽으로, 오른쪽 팀은 뒤쪽으로 차례대로 줄을 선다.

4) 자기 팀이 땅볼 없이 한 번에 공을 잡으면 먼저 아웃된 학생부터 다시 자리에 앉을 수 있다. 이때 원래 앉았던 자리가 아니어도 상관없다.

5) 공이 만약 양 팀의 가운데 공간에 떨어지면 아웃된 학생 중 맨 앞에 있는 학생이 공을 잡아 자기 팀에게 줄 수 있다. 이때 배려의 마음으로 공을 많이 던져보지 못한 학생에게 공을 준다.

6) 한 팀에 4명 정도가 살아남으면 그 팀의 패배로 놀이를 종료한다.

7) 자리를 바꾸고 다시 놀이를 시작한다.

- 다양한 자리에 골고루 앉기 위하여 앉았던 자리에는 다시 앉지 못하게 한다.

					B팀 탈락자	B팀 탈락자	B팀 탈락자
A팀	A팀	A팀			B팀	B팀	B팀
A팀	A팀	A팀			B팀	B팀	B팀
A팀	A팀	A팀	→	←	B팀	B팀	B팀
A팀	A팀	A팀			B팀	B팀	B팀
A팀	A팀	A팀			B팀	B팀	B팀
A팀 탈락자	A팀 탈락자	A팀 탈락자					

활동유의사항

① 공이 느리거나 멀리 날리지 못하는 학생들은 일어서서 던질 수 있다. 이 점은 학생들에게 이해시키고 규칙으로 정한다.

② 공을 세게 던지기보다 정확도에 초점을 맞추어 던지도록 지도한다. 반복해서 공을 세게 던지는 학생에게는 경고를 준다.

놀이활용 Tip

1. 놀이에 익숙해지면 각자의 능력과 성향에 맞게 전략을 짜서 자리를 배치한다. 예를 들어, 용기와 희생정신이 있는 학생은 맨 앞줄이 좋고, 공을 잘 던지는 에이스는 두 번째 줄, 잘 피하는 학생은 세 번째 줄이 좋다.

2. '보디가드 교실 피구'로 응용할 수 있다. 교실 피구와 같은 규칙에서 남학생은 남학생만 아웃시킬 수 있고 여학생은 여학생만 아웃시킬 수 있는 규칙을 정한다. 따라서 남학생이 던질 때 여학생은 손을 쭉 뻗어 남학생을 보호할 수 있고, 반대로 여학생이 던질 때 남학생들은 손을 쭉 뻗어 여학생을 보호할 수 있다. 공에 대한 두려움을 없애고 자신감을 키워줄 수 있는 방법으로 이때 교실 피구의 규칙인 맨 앞줄끼리는 공을 맞혀도 아웃되지 않는 규칙은 빼고 한다.

벽치기 피구

책상 형태 | 책상밀기

준비물 | 공 1개, 벽(교실 뒤편) 활용, 점수판

활동영상 보러가기

#벽활용_굿 #부활하는_피구 #뒤에서_공이? 🔍

활동소개

교실 뒤편에 사물함이 있죠? 사물함의 평평한 부분을 활용한 재미있는 피구놀이입니다. 이 놀이는 '바로 오는 공'도 피해야 하고, '벽을 맞고 나온 공'(뒤에서 오는 공)도 피해야 해서 더욱 재미있습니다. 굴러오는 공에 발목이 맞으면 아웃존으로 나가 간단한 신체활동(팔벌려 뛰기 3회)을 한 후 점수를 올리고(실점) 다시 활동에 참여할 수 있습니다. 바로 오는 공에 맞으면 1점 실점, 벽에 맞고 나온 공에 맞으면 2점이 실점되기 때문에 공에 끝까지 집중해야 하는 놀이입니다.

82

활동의 실제

🔍 놀이 전 준비

1) 교실의 사물함 쪽 공간을 확보한다.
2) 공격팀은 사물함을 기준으로 반원으로 앉는다.
3) 활동 전 공을 굴려보고 벽에 튕겨보는 연습시간을 충분히 가진다.

📝 놀이방법

1) 수비팀은 반원 안으로 들어가 선다.
2) 안전을 위해 수비팀은 공격팀보다 안쪽에서만 공을 피한다.
3) 공을 굴려 직접 무릎 이하에 맞은 학생이나 벽에 맞고 나온 공이 무릎 이하에 맞은 학생은 아웃된다.
4) 아웃된 친구는 아웃존에서 간단한 신체활동(팔벌려 뛰기 3회)을 한 후 점수를 올리고(실점) 다시 활동에 참여한다.
   - 바로 오는 공에 맞으면 1점 실점, 벽에 맞고 나온 공에 맞으면 2점이 실점된다.
   - 공격팀은 바로 맞힌 경우 "1점!", 벽에 맞고 나온 공에 맞힌 경우 "2점!" 이렇게 함께 말하게 한다.
   - 공격팀 파울로 인한 점수판 득점은 선생님이 처리한다.
5) 다음과 같은 경우에 파울이며, 공에 맞아도 아웃되지 않으며 수비팀의 득점이 된다.
   - 공이 밖으로 빠져나간 경우
   - 공을 던져서 바로 상대팀을 맞힌 경우
   - 3초 이내에 패스 또는 공격을 안 한 경우
   - 공이 무릎보다 위쪽에 맞은 경우
   - 그밖에 무리한 플레이로 선생님께 지적받은 경우
6) 공격팀은 서로 협력하여 벽을 적절하게 활용하며 공격한다.
7) 절반에 해당하는 시간에 공격과 수비 역할을 바꾼다.
8) 두 팀 중 실점이 많은 팀이 진다.

활동유의사항

① 아웃되어 간단한 신체활동 후 올리는 점수는 양심껏 제대로 올린다. (실점)
② 공격할 때 공을 바로 던지거나 무릎 위쪽으로 던져 다치는 경우가 없도록 한다.
③ 수비할 때 좁은 영역에서 피해야 하므로 옆 친구를 치지 않게 무리하지 않으며 활동한다.

놀이활용 Tip

1. 간단한 신체 활동 후 점수제 대신 바로 아웃 후 상대팀 반칙이 나오면 부활하는 방식으로 해도 좋다.
2. 인원에 따른 반원의 크기는 재량으로 정한다.
3. 평평한 벽이 있는 다목적 교실, 체육관도 가능하다.
4. 점수판이 없다면 칠판에 '바를 정(正)'으로 점수를 적어도 좋다.

09

학습에 놀이라는
양념을 섞으면?

(#교과·학습)

TOP10 짝 찾기

릴레이 짝 찾기

TOP10 짝 찾기

책상 형태 | 학습형태
준비물 | 짝 찾기 학습지

활동 영상 보러가기

#만능학습 #전천후_적용 #꿀잼학습 ⌄ 🔍

활동소개

'TOP10 짝 찾기'는 대부분 교과의 웬만한 차시에는 다 활용이 가능합니다. 짝이 있는 학습 요소면 무조건 오케이입니다. 활용성이 높을 뿐만 아니라 저학년부터 고학년까지 모두 쉽게 이해하며 재미있게 활동할 수 있습니다. 학습지는 간단하게 만들 수 있으며, 학습지를 자르고 접는 것은 아이들에게 맡기세요. 문제 만드는 것도 학생들에게 맡겨보세요. 절대 선생님이 모든 것을 전담하려고 하지 마세요. 교실은 선생님 혼자 만들어 나가는 것이 아니라 학생들과 함께 만들어 가는 것입니다.

활동의 실제

🔍 놀이 전 준비

1) 반 학생 수에 맞추어 짝을 이룰 수 있는 학습 요소들로 학습지를 제작한다.

　예) 28명이면 14쌍으로 이루어진 학습지 제작

10mm	1cm	20mm	2cm
30mm	3cm	1cm 3mm	13mm

2) 3~4부 복사한다.
3) 모두 잘라 바구니에 넣는다.

📝 놀이방법

1) 한 명당 3~4장의 쪽지를 갖는다.
2) 놀이 시작 전에 자신의 것은 확인할 수 있지만 친구들과는 서로 확인할 수 없다.
3) 놀이가 시작되면 자신과 같은 짝을 가진 친구를 찾으러 돌아다닌다.
4) 자신과 같은 짝을 가진 친구를 만나면 선생님께 검사받으러 간다.
   - 검사를 받을 때는 선생님이 잘 볼 수 있도록 카드를 돌려 보여준다.
5) 검사를 받고 정답이 맞으면 해당되는 쪽지만 바구니에 넣고, 나머지 짝을 찾으러 다시 돌아다닌다.
6) 5의 과정을 반복해 자신의 카드를 모두 반납한 친구는 1등부터 10등까지 적힌 칠판에 윗등수부터 차례로 이름을 적는다.
7) 10등까지 등수가 정해지면 경기를 끝내고 나머지 쪽지들은 다시 반납한다.
8) 1~10등까지 호명하며 칭찬해준다.

활동유의사항

① 학생 수가 홀수라도 상관없다. 10등까지 등수가 가려지면 놀이는 종료된다. 모든 쪽지의 짝을 찾는 것이 아니기 때문에 홀수라고, 짝이 맞지 않다고 걱정하지 않아도 된다.

② 검사를 받을 때 모든 쪽지를 한 번에 제출하려는 학생이 있는데, 한 번 검사 맡을

때에 한 쌍의 짝만 제출할 수 있다고 사전에 설명한다.

③ 짝을 찾은 후, 짝의 종이를 혼자 들고 와서 내는 학생에게는 짝과 함께 와야 한다고 지도한다.

④ 처음 받은 종이에 이미 짝이 있는 학생은 혼자 검사 받을 수는 없다. 꼭 친구와 함께 검사를 받아야 한다. 짝에 해당하는 종이를 다른 친구의 종이와 교환하고 함께 와서 검사 받을 수는 있다. (운이 좋은 경우!)

⑤ 소리를 지르며 자신의 짝을 찾는 학생도 있다. 친구와 만나 쪽지를 서로 확인하며 짝을 찾아야 한다. 소리를 지르며 짝을 찾는 행동은 반칙이다.

놀이활용 Tip

1. TOP10 짝 찾기는 한 차시에 2~3번 반복하는 것을 추천한다. 한 번의 놀이로 끝나면 모르는 것은 모르는 대로 활동이 끝나버린다. 그저 아는 것과 모르는 것을 확인하고 그친 꼴이 되는 것이다. 하지만 놀이를 반복하면 할수록 활동 과정에서 배움이 일어나 모르던 것들은 자연스럽게 배우게 되고, 이미 습득된 지식들은 좀 더 견고하게 자신의 것으로 정착되게 된다. 부진한 학생들은 짝을 못 찾지 않을까 하는 걱정은 하지 않아도 된다. 학습이 잘된 학생들이 부진한 학생에게 먼저 찾아가 짝을 알려줄 수밖에 없는 방식으로 구조화되어 있기 때문이다.

2. '꼬마선생님 제도'를 활용해보자. 이 놀이를 할 때, 첫 번째 판에서 1등한 학생은 선생님 역할(짝이 맞는지 검사하는 역할)을 할 수 있다. 1등한 학생에게 이보다 더 좋은 보상은 없다. 누구나 선생님 역할을 하고 싶어 하기 때문이다. 심지어 검사하는 과정에서 더 큰 배움을 얻을 수도 있다. 최고의 보상이라고 할 수 있다.

3. '교생선생님 제도'도 활용해보자. 이 놀이를 몇 번 진행하다 보면 적용할 수 있는 다른 교과나 단원, 차시가 떠오른다. 그런 부분들을 미리 찾아놓았다가 교과시간에 문제를 다 풀고 "다했는데 이제 뭐해요?"라고 묻는 선행학습이 참 잘된 아이들에게 짝 찾기 학습지 문제를 출제하게 한다. 5명 정도의 아이들에게 이 일을 맡기면 10분도 안되어 뚝딱 문제를 잘 만들어온다. 이를 통해 아이들은 문제를 만들며 학습을 하게 되고 자신이 만든 문제가 학습놀이에 쓰인다는 사실이 큰 동기 유발이 된다. 과제를 일찍 해결하고 다른 친구를 방해하는 문제가 아주 유익한 방법으로 해결이 된 셈이다.

릴레이 짝 찾기

책상 형태 | **학습형태**
준비물 | **학습지**

활동 영상 보러가기

> #학습인가_놀이인가 #만능학습 #꿀잼학습

활동소개

정적인 활동과 동적인 활동이 공존하며 게다가 학습까지 가능하다면 얼마나 이상적인 수업일까요? 그런 활동이 존재할까요? 네! 지금 소개할 놀이는 정적이지만 동적이며 학습까지 가능합니다! 자신 있게 이상적인 수업이라고 말씀드리고 싶네요. 못하는 학생들도 잘하는 학생들의 도움을 받으며 함께 성장할 수 있는 수업, 잘하는 학생들은 지루한 수업 대신 놀이를 하며 더욱 자신의 지식을 견고히 할 수 있는 활동! 모든 교과에 쉽게 적용이 가능한 생활놀이수업을 소개합니다.

활동의 실제

🔍 놀이 전 준비

1) 3~4개가 한 쌍이 될 수 있는 학습요소들로 학습지를 만든다.

예) 5학년 분수의 등분 등

$\dfrac{3}{4}$	$\dfrac{6}{8}$	$\dfrac{9}{12}$	$\dfrac{12}{14}$
$\dfrac{2}{5}$	$\dfrac{4}{10}$	$\dfrac{6}{15}$	$\dfrac{8}{20}$
$\dfrac{18}{42}$	$\dfrac{9}{21}$	$\dfrac{6}{14}$	$\dfrac{3}{7}$

2) 쌍이 많으면 1부 복사하고 적으면 2부 복사한다.

3) 학습지의 카드들을 잘라 두 번 접어 바구니에 넣는다.

4) 교실 가운데에 바구니를 놓는다.

5) 모둠 대형으로 만들고 모둠 내에서 1번, 2번, 3번, 4번과 같이 순서를 정한다.

📝 놀이방법

※ 아래 방법은 카드 3장이 한 쌍이 되는 경우를 설명하였다. 카드 4장이 한 쌍이 되는 경우에는 카드를 4장까지 가질 수 있다고 수정하면 된다.

1) 놀이가 시작되면 1번 학생이 바구니에서 카드를 뽑고 모둠으로 와서 확인한다.

2) 그 다음 2번 학생도 바구니에서 카드를 뽑고 모둠으로 와서 확인한다.

3) 3번 학생도 같은 과정을 반복한다.

4) 카드는 3장까지만 가지고 있을 수 있기 때문에 4번은 3장의 카드 중 가장 필요 없는 카드 한 장을 2번 접어 바구니에 반납하고 새로운 카드를 뽑아 모둠으로 가지고 온다.

5) 1번 학생이 다시 필요 없는 카드를 두 번 접어 반납하고 새로운 카드를 가지고 온다.

6) 번호대로 돌아가면서 위의 과정을 반복하다 카드 3장이 1쌍의 짝이 되면 모둠 전체가 손 머리를 하고 선생님을 기다린다.

7) 선생님께 검사를 받고 정답이면 1점을 얻게 된다.

8) 점수는 칠판에 자석으로 부착하고 짝을 맞춰 점수를 얻은 카드는 다시 2번 접어 반납한다.

9) 다시 1번부터 카드를 1장씩 뽑아오며 놀이를 계속 진행한다.

활동유의사항

① 만약 3장이 한 쌍일 경우, 각 모둠은 카드를 3장까지만 가지고 있을 수 있다. 그런데 모둠에 3장의 카드가 있는데 카드를 반납하지 않고 새로 가져와서 4장이 되는 경우가 있다. (4장이 한 쌍일 경우, 각 모둠은 카드를 4장까지 가지고 있을 수 있다.) 따라서 놀이 전 한 모둠을 예로 들며 시범을 보여주는 것이 좋다.

② 마음이 급해 한 명이 종이를 계속 뽑아오는 역할을 하는 경우가 있다. 모두가 돌아가며 종이를 뽑아야 된다고 놀이 전에 강조한다.

③ 짝을 찾은 아이들이 카드를 접어 반납하고 놀이를 새로 시작할 때 본인들이 버렸던 것을 기억하고 다시 집을 수 있다. 짝을 찾은 모둠이 나오면 선생님은 바구니 옆에서 기다렸다가 카드를 반납하면 바구니를 한 번 섞어준다.

놀이활용 Tip

1. 이 놀이는 많은 학습요소에 적용할 수 있을 뿐 아니라 다양한 방식으로도 응용이 가능하다. 그래서 활동을 하다 보면 소개된 방법을 변형한 새로운 아이디어가 생기는 경우가 있다. 선생님뿐만 아니라 학생들도 아이디어를 내기도 한다. 그런 아이디어는 그냥 지나치지 말고 꼭 적용해서 다음 활동 때 해본다. 1년의 학교교육과정은 생각보다 길기 때문에 다양한 방식으로 수업해 보는 것은 선생님에게 큰 자산이 될 것이다.

아래는 릴레이 짝 찾기 놀이를 변형 또는 응용한 것이다.

1) 딩고

릴레이 짝 찾기는 바구니에서 카드를 뽑아오는 형식이지만 딩고는 모둠원들이 3~4장의 카드를 가지고 진행한다. (3쌍으로 이루어진 학습지의 경우에는 3장씩, 4쌍으로 이루어진 학습지의 경우에는 4장씩 갖는다.)

① 자신이 받은 카드 중 짝이 아닌 카드 한 장을 생각해놓는다.

② 모둠의 진행자가 "다운!"을 외치면 동시에 필요 없는 카드 한 장을 안보이게 뒤집어서 가운데 놓는다.

③ 모둠의 진행자가 "업!"을 외치면 동시에 가운데 있는 카드 중 한 장을 가져온다.

④ 자신이 가지고 있는 카드들이 짝이 되는지 확인한다.

⑤ 가지고 있는 모든 카드가 한 쌍이 되기 전까지 ②, ③, ④번의 과정을 반복한다.

⑥ 가지고 있는 모든 카드가 한 쌍을 이룬 사람이 "딩고!"를 외치면서 책상 가운데 손을 올려 놓으면 그 사람의 승리로 놀이가 종료된다.

⑦ 1등이 올려 놓은 손 위에 나머지 학생들도 손을 올리고 가장 마지막에 손을 올린 사람이 꼴등이 되는 방식으로도 변형 가능하다.

2) 이름 릴레이 : 자세한 설명은 23page를 참고하면 된다.

놀이 운영 SOS

"지나친 승부욕으로 과열되어 분위기가 험악해지는 경우가 많아서 힘들어요."

놀이를 하기 전에 "교실놀이할 거야.", "오늘 재미있는 활동시켜줄게요."라고 말하지 마세요. 인성교육의 일환으로 오늘 특별히 교실놀이를 한다고 또는 평상시 규칙을 잘 지키고 서로 배려하는 모습을 보였기 때문에 교실놀이를 한다고 인성적 측면을 강조하며 공지하세요. 그렇기 때문에 못하는 아이들을 격려하고 서로 배려, 협동하며 놀이를 해야 한다고 말하세요. 만약 승부욕에 불타 친구를 비난하거나 흥분하는 상황이 오면 놀이가 멈출 수 있다는 것까지 지도하세요.

지나친 승부욕으로 과열되는 상황이 생기면 잠시 놀이를 멈추고 "우리가 오늘 이 놀이를 하는 이유가 뭐라고 했죠? (인성교육이라는 답이 나오면) 맞아요. 선생님은 분명 인성교육으로 여러분이 서로 배려하고 격려하는 모습으로 놀이하길 바란다고 했습니다. 지금 흥분한 학생들은 배려 없이 오로지 승부욕에 불타서 하는 행동입니다. 인성교육임을 잊고 있는 것이죠. 도덕책을 펴거나 학습지를 풀며 인성교육을 할 수 있습니다. 여러분들도 그렇게 인성교육을 받길 원하나요? 아니라면 다신 이런 분위기는 없어야 하며 또 다시 흥분한다면 경고 후 퇴장 조치를 하겠습니다." 정도로 이야기하면 중간중간 흥분을 하는 아이들도 진정하고 조심하게 됩니다.

10

'가정의 달' 맞춤 활동

(#조작놀이)

입체 카드 만들기

색종이로 '가정의 달' 한방에 끝내기

입체 카드 만들기

활동영상 보러가기

책상 형태 | 학습형태

준비물 | 도안, A4색지 절반, 색칠도구, 가위, 풀, 아이들 사진(또는 도안 대체 가능)

#어버이날 #친구사랑주간 #국어_편지쓰기

활동소개

식상한 어버이날 카드는 가라! 이종대왕표 어버이날 카드는 정성을 담을 수 있을 뿐만 아니라 무엇보다 만드는 아이들이 재미있어 하며 크게 어렵지 않습니다. 그래도 걱정된다면 이종대왕 유튜브 영상을 활용해서 수준별 학습을 해도 됩니다. 손재주가 좋은 아이들에게는 스마트폰으로 영상을 보며 스스로 만들게 하고, 손재주가 부족한 학생들만 모아서 선생님과 함께 만든다면 선생님의 부담이 줄어듭니다.

(도안파일은 블로그 https://blog.naver.com/ljh6969-꿀잼미술목록에서 다운받으세요.)

🔍주요 제작 과정

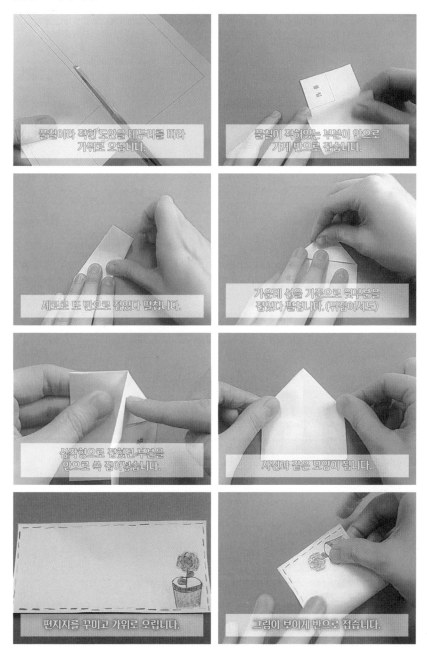

풀칠이라 적힌 도안을 테두리를 따라
가위로 오립니다.

풀칠이 적혀있는 부분이 안으로
가게 반으로 접습니다.

세로로 또 반으로 접었다 펼칩니다.

가운데 선을 기준으로 윗부분을
접었다 펼칩니다.(뒤집어서도)

삼각형으로 접었던 부분을
안으로 쓱 잡아넣습니다.

사진과 같은 모양이 됩니다.

편지지를 꾸미고 가위로 오립니다.

그림이 보이게 반으로 접습니다.

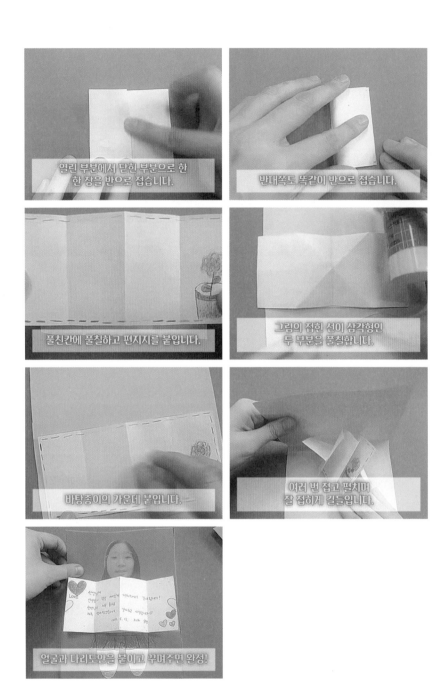

열린 부분에서 닫힌 부분으로 한
한 장을 반으로 접습니다.

반대쪽도 똑같이 반으로 접습니다.

풀친칸에 풀칠하고 편지지를 붙입니다.

그림의 접힌 선이 삼각형인
두 부분을 풀칠합니다.

바탕종이의 가운데 붙입니다.

여러 번 접고 펼치며
잘 접히게 길들입니다.

얼굴과 다리도안을 붙이고 꾸며주면 완성!

놀이활용 Tip

1. 어버이날뿐만 아니라 스승의날, 친구사랑주간에도 유용하게 쓰일 수 있다. 특히 매년 같은 형식의 활동을 했다면 더욱 신선하고 즐거울 것이다. 국어교과에 자주 나오는 편지쓰기에서 미술교과와 통합하여 활동해도 되고 진로교육, 인성교육 등 다방면에 쓰일 수 있는 카드 만들기이다.
2. 아이들 사진을 이용하는 것이 힘들다면 얼굴을 그릴 수 있는 도안이 있으니 활용하자. 저학년의 경우는 아이들 사진을 활용하는 것을 더 좋아하고, 고학년의 경우에는 직접 얼굴을 그리는 것을 더 선호한다.

색종이로 '가정의 달' 한방에 끝내기

책상 형태 | 학습형태
준비물 | 색종이, 풀, 가위, 색연필이나 사인펜

활동 영상 보러가기

#가족_소개 #편지쓰기 #책상+의자

활동소개

색종이만 있다면 누구나 쉽게 만들어 꾸밀 수 있는 가정의 달 기념 가족 소개 및 편지쓰기 활동입니다. 가족의 특성에 따라 얼굴, 표정을 꾸밀 수 있고 집안도 꾸며 친구들에게 발표할 수 있습니다. 학생들의 개성에 따라 얼마든지 창의적으로 다양하게 꾸밀 수 있습니다. 가족에게 간단한 편지도 쓸 수 있어 어버이날에 가정으로 보내거나 학급 환경판에 전시하기 좋습니다.

활동의 실제

🔍 주요 제작 과정

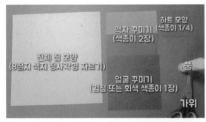

하트 모양
(색종이 1/4)

액자 꾸미기
(색종이 2장)

전체 집 모양
(8절지 색지 정사각형 자르기)

얼굴 꾸미기
(갈색 또는 회색 색종이 1장)

가위

전체 집모양 만들기

접힌 선을 기준으로 바깥쪽으로 펼친다.

전체 집모양 만들기

전체 집 모양 만들기 완성!!

하트 만들기

빨간색 색종이 1/4사이즈를 대각선으로 접는다.

하트 만들기

하트 완성!!

가족 얼굴 만들기

자른 종이 중 1장을 절반 접는다.

가족 얼굴 만들기

접힌 선에 맞춰 양쪽을 안쪽으로 접는다.

가족 얼굴 만들기

가족의 특성에 맞게
가위로 자르거나 색종이를 붙여 표현한다.

액자 만들기

색종이 2장을 준비한 후 대각선으로 접는다.

액자 만들기

다른 색 색종이로 같은 방식으로 접는다.

전체 집모양에 하트를 가운데에 붙인다.

액자를 집 대문에 붙인다.

대문 한쪽을 펼쳐 나머지 액자를 붙인다.

집 대문을 쓴다.

가족에게 편지를 쓴다.

가족 소개를 쓴다. (친구들에게 발표할 부분)

놀이활용 Tip

1. 활동 영상을 학생들에게 보여주며 따라서 접게 한다.
2. 학생들이 창의적으로 표현할 수 있게 기회를 준다.
3. 집 대문에 카네이션을 만들어 붙여도 좋다.
4. 안쪽에 가족사진을 붙이고 가족 소개를 해도 좋다.
5. 가족 얼굴 꾸미기를 이용하여 가족에게 보내는 카드를 만드는 데 활용해도 좋다.

Part 04

축 처지는 여름
방방 띄우기 작전

11

축 처지는 6월!
몸과 마음 들썩들썩

(#신체놀이)

스파이더맨 술래잡기

피라미드 가위바위보

의자숫자 폭탄 놀이

스파이더맨 술래잡기

책상 형태 | **책상활용**
준비물 | **풍선 2개**

활동 영상 보러가기

#전략놀이 #민첩성 #요리조리피해라

활동소개

아이들이 좋아하는 히어로 중의 한 명인 스파이더맨은 건물에서 건물을 요리조리 넘나듭니다. '스파이더맨 술래잡기'는 스파이더맨처럼 교실에서 악당을 피해 책상과 책상을 넘나들며 움직일 수 있는 교실 술래잡기입니다.

🔍 놀이 전 준비

1) 대형은 책상을 앞, 뒤, 양 옆의 가장자리로 붙여 'ㅁ자'로 배치한다.

2) 술래 2명을 정한다

📝 놀이방법

1) 술래는 풍선을 한 개씩 들고 ㅁ자 대형의 가운데에 서 있는다.

책상	책상	책상	책상	책상	책상	책상	책상
책상							책상
책상							책상
책상			술래		술래		책상
책상							책상
책상							책상
책상							책상
책상	책상	책상	책상	책상	책상	책상	책상

2) 나머지 학생들은 스파이더맨처럼 책상에 손을 대고 붙어 있는다. (한 책상당 한 명만)

3) 타이머 3분을 맞추고 놀이를 시작한다.

4) 스파이더맨들은 술래를 피해 10초 안에 다른 책상으로 이동해야 한다.

  - 바로 옆 책상으로 이동하는 것은 반칙이다.

  - 10초 이상 한 책상에 붙어 있는 스파이더맨은 경고를 받는다.

5) 술래는 풍선으로 이동하고 있는 스파이더맨들을 터치한다.

  - 스치듯 터치하는 것은 무효이며, 확실히 타격감이 느껴지게 맞아야 인정된다.

  - 술래가 한 책상만 지키고 있는 것은 반칙이다. 가운데 구역에서 자유롭게 이동하면서 스파이더맨들을 터치한다.

6) 터치에 성공한 술래는 스파이더맨 역할을 하게 되고 터치 당한 스파이더맨은 풍선을 들고 팔벌려 뛰기 10회 후 술래가 된다.

7) 3분이 끝났을 때의 술래가 벌칙을 수행하고 다시 놀이를 진행한다.

① 경기 초반에 스파이더맨들이 10초 안에 이동하는지를 잘 관찰하고 적절히 지적
해서 아이들이 알아서 규칙을 잘 지킬 수 있게 한다.
② 풍선으로 터치할 때 스친 경우는 선생님이 잘 판단하여 무효로 하고 확실하게 소
리가 나게 터치한 경우만 인정해준다.

놀이활용 Tip

1. 술래가 끝없이 순환되기 때문에 타이머를 사용하지 않고 진행해도 무방하다.
2. 술래가 바뀔 때 하는 체력훈련은 적절하게 바꿔준다.
　예) 스쿼트 10회, 점프 10회 등
3. 풍선 대신 교실 피구공으로도 가능하다.

피라미드 가위바위보

책상 형태 | **책상활용**
준비물 | **없음**

활동 영상 보러가기

#피라미드 #가위바위보 #쉽고간편

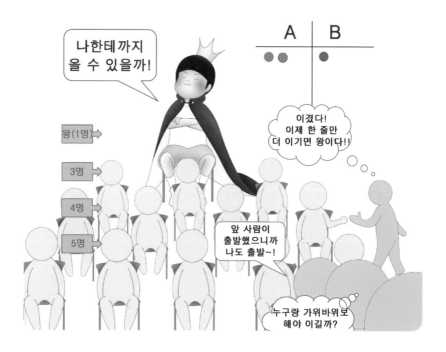

활동소개

남녀노소, 나아가 전 세계 모든 사람이 즐기는 세계적인 놀이가 있습니다. 무엇일까요? 바로 가위바위보입니다. '피라미드 가위바위보'는 가위바위보를 이용한 팀 대결 게임입니다. 이 놀이에서는 가위바위보하는 재미뿐만 아니라 한 단계 한 단계 앞으로 전진하면서 왕까지 통과했을 때 통쾌함까지 느낄 수 있습니다. 왕까지 가지 못하고 탈락한 학생들은 저절로 아쉬움의 탄식이 나오면서 꼭 왕까지 통과하고 말겠다는 의지를 불태우기도 합니다.

놀이 전 준비

1) 두 팀으로 나누어 한 팀은 의자로 피라미드 대형을 만들어 앉고 나머지 한 팀은 한 줄로 선다.

예) 26명 기준 한 팀 13명, 첫째 줄 5명, 둘째 줄, 4명, 셋째 줄 3명, 왕 1명

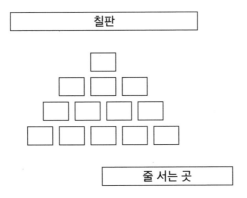

놀이방법

1) 수비팀이 피라미드 대형에 앉을 때 왕 자리만 정해주고 나머지 자리는 원하는 자리에 앉는다.

2) 타이머 3분을 맞추고 놀이를 시작한다.

3) 공격팀은 한 줄로 서 있다 시작 신호와 동시에 첫 번째 주자가 첫 번째 줄에 있는 상대 중 원하는 상대를 골라 가위바위보를 한다.

4) 앞 사람이 출발하면 바로 뒷 사람도 출발하여 가위바위보를 한다.

5) 첫 번째 줄에서 이기면 두 번째 줄에 있는 상대 중 원하는 상대와 가위바위보를 하고 또 이기면 세 번째 줄에 있는 상대 중 원하는 상대와 가위바위보를 한다.

6) 왕에게 도달하면 왕과 가위바위보를 하고, 왕을 이기면 칠판에 적힌 자신의 팀 점수판에 자석(점수)을 하나 붙인다.

7) 자석을 붙인 사람과 중간에 가위바위보에서 진 사람은 다시 줄을 서 차례를 기다린다.

8) 주어진 시간이 끝나면 공격과 수비 역할을 바꾼다.

9) 가장 많은 점수를 모은 팀이 승리한다.

① 분쟁의 소지가 있을 때는 시간 끌지 말고 다시 가위바위보를 한다.

② 왕이 되지 못해 실망해서 대충 참여하는 아이들이 있다. 팀이 이기기 위해서 왕의
역할도 중요하지만 상대팀을 왕까지 못 가게 막는 나머지 역할도 중요하다.

③ 가위바위보 외에도 참참참, 팔씨름, 눈싸움, 디비디비딥 등 두 사람이 대결할 수
있는 것이라면 무엇이든 가능하다. 단, 팔씨름과 같은 경우에는 대형을 만들 때
책상을 같이 놓으면 된다. 그리고 팔씨름, 눈싸움과 같이 결판나기까지 시간이
꽤 걸리는 놀이는 놀이 시간을 늘린다.

놀이활용 Tip

학급에는 많은 아이와 두루 친한 인기쟁이 아이도 있고 친구가 없는 아이도 있다. 이 게임을
아무런 지도 없이 하다 보면 친구가 없는 아이에게는 아무도 가지 않아 지루해하고, 친구가
많은 아이는 계속 친구가 몰려오니 처음에는 신나하다가도 점점 벅차해 하는 경우가 생긴
다. 또한 구석에 있는 아이에게는 가지 않고 가운데에 있는 아이에게만 가는 경우도 생긴다.
모두가 행복하지 않는 게임은 의미가 없다. 그렇기 때문에 '배려'를 알려주어야 한다. 줄을
설 때 친구들이 하는 것을 보면서 다른 친구들보다 게임을 덜 하는 아이를 찾아 그 친구에게
가는 배려가 필요하다고 말해야 한다. 모두가 행복할 때 이런 게임을 더 많이 할 수 있다는
것 까지 지도하면 소외되는 학생 없이 모두가 정신없이 놀이하는 모습을 볼 수 있다.

의자숫자 폭탄 놀이

책상 형태 | **책상활용**
준비물 | **책걸상(18개), 팀조끼, 종이, 연필**

활동 영상 보러가기

#폭탄_피해라! #숫자_순서대로 #머리_활용

활동소개

'의자숫자 폭탄 놀이'는 순서대로 터치를 해야 하는 놀이로서 준비물 없이 바로 할 수 있는 장점이 있습니다. 순서에 맞게 터치하면 자리에 앉아야 하지만 중간에 폭탄 자리에 앉으면 모든 학생이 다시 일어나 출발선으로 돌아가 1부터 다시 자리에 앉아야 합니다. 숫자 순서에 맞게 앉으러 간 학생뿐만 아니라 팀원 전체가 어디가 몇 번 인지를 서로 공유하고 협의해야 하기 때문에 놀이에 대한 전체 집중력과 흥미가 매우 높은 놀이입니다.

활동의 실제

🔍 놀이 전 준비

1) 교실의 책상을 한쪽으로 밀고 사물함 쪽으로 3×3 형태의 책상을 2세트 준비한다.
2) 놀이를 하기 전 상대팀의 책걸상 숫자와 폭탄의 위치를 종이에 적는다.
   - 9개의 책상인 경우 1~8까지의 숫자와 폭탄 한 자리를 정한다.
3) 상대팀 책상 쪽으로 숫자와 폭탄을 적은 종이를 들고 한 명이 선다.
   - 상대팀이 의자에 앉으면 숫자 또는 폭탄을 말해준다.

📝 놀이방법

1) 두 팀으로 나눠 칠판 앞 출발선에 선다.
2) 첫 번째 주자가 숫자 "1"이라고 생각하는 자리에 가서 앉는다.
3) 상대팀원이 앉은 자리의 숫자 또는 폭탄을 알려준다.
   - 숫자 '1'이 맞으면 자리에 앉고 다음 주자가 출발한다.
   - 숫자 '1'이 맞지 않으면 그 자리의 숫자 또는 폭탄을 알려준다.
4) 숫자가 맞지 않으면 출발선에서 다음 주자와 터치한다.
5) 다음 주자는 숫자 순서에 맞게 자리에 앉는다.
6) 같은 방식으로 1~8까지의 숫자 순서대로 자리에 앉는다.
7) 활동 중 폭탄 자리에 앉으면 모두 다시 출발선으로 돌아가 숫자 '1'의 자리부터 다시 앉기 시작한다.
   - 폭탄이 터지면 3초 내에 자리를 옮겨 진행해도 좋다. 단, 자리를 옮겨도 처음 정한 자신의 숫자대로 활동한다.
8) 먼저 폭탄을 피해 모든 숫자를 맞히고 앉은 팀이 이긴다.

활동유의사항

① 숫자와 폭탄의 위치를 적은 종이를 든 친구는 상대팀이 자리에 앉으면 빠르고 크게 숫자 또는 폭탄을 말한다.
② 출발선에서 다음 주자와 터치할 수 있게 한다.
③ 활동을 하다가 실수를 한 친구에게 비난하지 않는다.
④ 어느 자리가 몇 번인지 서로 이야기하며 활동할 수 있다.

놀이활용 Tip

1. 학급 인원에 따라 각 팀별로 7자리~14자리를 만들어 활용한다.
2. 폭탄의 개수를 1개 또는 2개로 정해 활동한다.
3. '찾아라! 친구 피해라! 폭탄 놀이' 방법과 유사하니 같이 활용해도 좋다.

찾아라! 친구
피해라! 폭탄 놀이

놀이 운영 SOS

"오늘 교실놀이 뭐하는지 계속 물어봐서 귀찮아요."

학생들이 체육을 좋아하죠. 그래서 체육시간이 되면 "오늘 뭐해요? 오늘 이거 하면 안 돼요?" 등 학생들의 적극적인 의사표현에 선생님께서 시달리는 경우가 있습니다. 그만큼 체육시간이나 놀이시간이 학생들에게 큰 관심사이며 좋아하는 시간이라는 것을 알 수 있습니다. 초임 시절 학생들의 질문에 일일이 답변하거나 짜증을 냈던 경험이 있는데요, 지금 제가 지도하는 학급에서는 이런 의사표현이 사라졌습니다.

수업시간은 사전에 짜여진 계획에 의해 운영되며 선생님에게 오늘 ○○놀이 하자고 하는 말은 결국, "국어시간에 자신이 좋아하는 수학하자는 말과 같다."라고 말을 해주기 바랍니다. 그럼에도 계속 물어보거나 요구를 하면 앞으로 선생님에게 ○○놀이를 하자고 하면 절대로 선생님은 ○○놀이는 안 하겠다고 단호하게 말하기 바랍니다. 그러면 궁금하거나 꼭 하고 싶은 놀이가 있더라도 표현이 확 줄어듭니다. 대신 체육 교육과정과 관련 없는 간편한 교실놀이만 지속적으로 한다거나 그냥 편하게 오늘은 이거 하자는 식으로 학생들을 지도한다면, 학생들은 계획과 상관없이 선생님 마음대로 운영된다는 것을 알고 불만을 제기할 수 있습니다. 따라서 미세먼지 없이 날씨가 좋은 날은 운동장에 나가서 체육교과서 내용을 지도하고, 체육환경이나 기상환경이 안 좋은 경우나 틈새시간을 이용해서 교실놀이를 하셨으면 좋겠습니다.

※ 참고로 현장의 상황을 고려했을 때 제가 생각하는 가장 이상적인 체육시간과 장소는 일주일 중 1시간은 교실, 1시간은 강당이나 간이체육실, 1시간은 운동장입니다

12

지루한 국어시간을
알차고 즐겁게!

(#교과·학습)

셀프 OX 퀴즈

토론감염 놀이

셀프 OX 퀴즈

책상 형태 | 학습형태
준비물 | A4용지(이면지 활용 가능), 바구니

활동 영상 보러가기

#메타인지 #자기주도적 #OX퀴즈

활동소개

OX 퀴즈 많이 활용하죠? 쉽고 간편하게 국어, 사회, 과학 등 주지교과의 내용과 지식을 확인할 수 있기 때문에 많은 선생님이 활용하고 있습니다. 하지만 세상에 완벽한 수업방법은 없습니다. OX 퀴즈도 그렇습니다. 퀴즈에서 떨어진 학생들에게 "탈락해도 계속 마음속으로 문제를 풀어라!"라고 하지만 이미 떨어진 학생들에게 그 말은 무의미합니다. 특히, 초반에 떨어진 학생들에게는 나머지 시간을 그냥 허비하게 된다는 치명적인 단점이 있습니다. 때론 이런 단점을 보완하기 위해 틀려도 계속

113

OX 퀴즈에 참여하고 맞은 개수를 세는 걸로 방식을 바꾸기도 하지만 아무래도 긴장감이 떨어지기 마련입니다. 아이들이 모든 문제를 풀 때까지 긴장감을 유지하기 위해 진행하는 선생님의 고충도 상당합니다. 매번 OX 퀴즈를 직접 만드는 것도 쉬운 일은 아닙니다.

'셀프 OX 퀴즈'는 기존 OX 퀴즈의 단점들을 보완하여 아이들이 팽팽한 긴장감 속에 탈락 없이 많은 문제를 해결할 수 있도록 만들었습니다.(학생 한 명당 최소 10개 이상의 문제를 맞힐 수 있습니다.) 또한 문제를 내고 푸는 과정에서 읽기, 쓰기, 말하기, 듣기 그리고 의사결정까지 국어과 영역에서 추구하는 모든 학습요소를 한방에 다 경험할 수 있는 어마어마한 활동입니다.

활동의 실제

📖 놀이 전 준비

1) 셀프 OX 퀴즈를 할 교과서 분량을 정한다.
2) 셀프 OX 퀴즈는 복습·예습용으로 모두 가능하다.
3) A4용지 한 장을 받고 세 번 접어 8칸으로 만든다.
   - 네 번 접어 16칸으로 만들 수도 있다.
4) 직접 교과서를 보며 1칸에 1문제씩 OX 문제를 낸다. (OX 답도 문제 밑에 함께 적는다.)
5) 문제를 빨리 다 만든 학생은 새 종이를 받아 문제를 더 출제한다.
6) 다 만든 문제는 가위로 자르고 두 번 접어 바구니에 담는다.
7) 바구니는 교실 가운데 놓는다.
8) 어느 정도 문제가 만들어지면 선생님은 학생들에게 문제 쪽지를 한 장씩 나누어준다.
   - 시작하자마자 학생들이 바구니에 몰리는 현상을 방지하기 위함이다.

✏️ 놀이방법

1) 활동이 시작되면 아무나 만나 서로 번갈아가며 문제를 낸다.
2) 문제를 들은 학생은 10초 안에 OX를 얘기하고 정답이면 문제 쪽지를 받아 주머니에 넣는다.
   - 주머니에 넣은 쪽지는 점수가 되기 때문에 잘 보관한다.
3) 틀릴 경우 쪽지 획득 없이 헤어진다.
4) 문제쪽지가 없는 학생은 새로 바구니에서 문제를 뽑아 다른 친구를 만나러 간다.
5) 바구니 속 문제 쪽지가 모두 사라지면 놀이를 종료한다.
6) 각자 맞힌 주머니 속 문제 쪽지를 세어 점수를 확인하고 잘한 친구를 칭찬한다.

활동유의사항

① 문제를 낼 때는 손으로 뒷면을 가린다. 가리지 않으면 정답이 비쳐서 보일 수 있기 때문이다.

② 글씨를 알아볼 수 없는 쪽지가 있을 경우, 폐지함에 버리고 새 쪽지를 뽑는다.

③ 계속 같은 친구와 만나는 학생이 있다면 한 번 만난 친구와는 다시 만날 수 없다고 미리 공지한다.

④ 문제 쪽지가 담겨 있는 바구니는 여유가 있는 공간에 놓는 것이 좋다. 여유가 없는 공간에 두면 아이들이 몰려 복잡해진다.

⑤ 바구니 옆에 서서 계속 문제를 푸는 학생이 있다. 빨리 문제를 풀기 위한 행동으로 그런 학생이 많아지면 바구니 주변이 복잡해진다. 이에 대해 미리 공지하고, 만약 그래도 바구니 바로 앞에서 문제를 푸는 학생이 있다면 경고를 준다.

놀이활용 Tip

1. 아이들이 직접 OX 퀴즈 문제를 내는 것이 어렵다고 생각할 수 있다. 맞다. 그런데 심지어 국어교과서에는 OX 문제보다 더 어려워 보이는 지문에 대한 내용 질문이나 추론 질문을 만드는 것이 도입되어 있다. 과연 무엇이 더 어려울까? 고차원적인 문제를 만들기 위한 전단계로 일단 OX 퀴즈에 도전해보자. 문제와 질문을 만드는 것에 대해 두려움을 가지고 있는 아이들에게 쉽게 접근할 수 있다. OX 퀴즈는 간단한 요령만 알려주면 쉽게 문제를 만들 수 있기 때문이다. 예를 들어, 문제로 내고 싶은 문장을 교과서에서 찾아 그대로 쓰면 'O'가 되고 그중 한 단어만 바꾸면 'X'가 된다. 이 정도 요령만 알려주어도 아이들은 기대 이상으로 활동을 해낸다. 그럼에도 불구하고 아이들이 잘하지 못한다고 걱정하지 말자. 실제로 활동하며 아이들이 다른 학생들이 만든 문제를 읽고 푸는 과정에서 자기도 모르게 좋은 문제를 내는 요령을 터득하게 된다. 처음에 문제 내는 것을 어려워했던 아이들이 활동을 거듭할수록 이전보다 더 나은 문제를 만들며 성장하는 모습을 볼 수 있을 것이다.

2. 셀프 OX 퀴즈는 아이들이 직접 문제를 만들고 해결하는 활동이기 때문에 1시간에 하기에는 사실 힘들다. 따라서 연차시로 최소 2시간을 잡고 진행하는 것을 추천한다. 연차시를 할 여유가 도저히 없다면 아침시간에 미리 OX 퀴즈를 한다고 공지하고 문제를 만들게 하여 시간을 절약하는 것도 하나의 방법이 된다. 셀프 OX 퀴즈는 학습량이 굉장히 많고 유익하다. 시간에 쫓겨 유익한 시간을 포기하는 안타까운 일은 생기지 말아야 한다.

토론감염 놀이

책상 형태 | **학습형태**
준비물 | **없음**

· 활동영상 보러가기

#토의토론 #아이스브레이킹 #학습놀이 ▾ 🔍

활동소개

토론을 하는 내내 어떠한 발언도 하지 않는 학생, 근거 없이 주장만 펼치는 학생…. 토론 수업을 해본 선생님이라면 누구나 신경 쓰이는 부분들입니다. 저 또한 이 부분이 늘 걱정이었고 해결해야만 하는 숙제였습니다. 어떻게 하면 이 아이들의 입을 열 수 있을까요? 토론 대형에서 하는 활동은 아니지만 모두가 주장과 근거를 말할 수밖에 없는 활동이 바로 여기 있습니다. '토론감염 놀이'는 토론 전 아이스브레이킹 또는 중간 활동으로 적절하며 아이들 모두의 입을 열게 하고 다양한 근거를 머릿

속에 숙지할 수 있는 좋은 놀이 수업입니다. 그런데 왜 하필 토론 '감염' 놀이냐구요? 아이들이 이 놀이를 하며 열심히 토론을 하다 한 학생이 저에게 친구들을 자기편으로 감염시켰다고 표현하더라고요. "자신이 다른 친구를 설득했다."를 아이들식 표현으로 감염시켰다고 해서 토론감염 놀이가 되었습니다.

활동의 실제

🔍 놀이 전 준비

1) 찬성과 반대가 적당히 나누어지는 주제를 선정한다.
2) 미리 근거를 조사하는 숙제를 내준다.
   - 근거를 쉽게 생각할 수 있는 주제의 경우 숙제는 생략하고 근거를 생각해보는 시간만 갖는다. 근거를 생각할 때에는 자신의 의견에 대한 근거와 반대 의견에 대한 근거 모두 생각해본다.
3) 판정단을 2명 뽑는다.
   - 판정단임을 알 수 있도록 팀조끼를 입거나 손에 스카프 같은 것을 들고 있는다.

📝 놀이방법

1) 활동이 시작되면 찬성측은 가슴 앞에 손으로 'O'를 그리며 돌아다니고 반대측은 'X'를 그리며 돌아다닌다.
2) 찬성측과 반대측은 서로 만나 가위바위보를 하고 진 사람이 먼저 시작한다.
   - 먼저 말하는 것이 불리하기 때문에 가위바위보에서 진 사람이 먼저 시작한다.
3) 번갈아가며 찬성측은 찬성하는 근거, 반대측은 반대하는 근거를 말한다.
4) 10초 안에 근거를 말하지 못하는 학생은 패하게 되며, 이긴 학생과 같은 편으로 의견을 바꾸어 돌아다닌다.
   - 만약, 이긴 학생이 찬성측이면 진 학생이 반대측에서 찬성측으로 감염이 되는 것이다.
5) 상대방의 근거가 말도 안 된다는 생각이 들거나 승부가 나지 않으면 판정단을 부르고, 판정단은 근거를 들어보고 판단한다.

① 토론감염 놀이는 번갈아가며 근거를 하나씩 이야기하는 활동이다. 하지만 상대의 근거에 꼭 반론을 제기하며 오랜 시간 토론하려는 학생이 있다. 이럴 땐 상대방이 어떤 근거를 말하든 중복되지 않는다면 수용해야 한다. 이러한 상황들을 미리 공지하고 규칙을 한 번 더 짚어주어야 한다.

② 근거를 하나도 이야기하지 못하고 지기만 하는 학생들에게는 놀이를 하며 친구의 근거를 계속 귀담아 들으면 다음 학생을 만났을 때 도움이 된다고 조언하면 된다. 예를 들어 찬성측 학생이 반대측으로 감염되었다면 이번에는 찬성측의 친구를 만나 감염시켜야 한다. 이때 바로 전 나를 감염시킨 반대측 학생의 근거를 기억해서 말해도 되기 때문에 놀이를 할수록 이야기할 수 있는 근거는 많아진다.

③ 10초를 셀 때 말로 하며 상대방을 압박하는 학생들도 있다. 놀이에서 이기기 위해 친구를 방해하는 행동은 옳지 못하다. 초를 셀 때는 친구를 배려하여 손가락으로만 조용히 그리고 천천히 세라고 공지한다.

놀이활용 Tip

1. 활동을 하는 목적은 토론 실력 기르기가 아니라 모두가 입을 자연스럽게 열고 근거를 하나라도 말해보는 데 있다. 따라서 다소 엉뚱하고 이상한 근거를 말하는 학생들도 이 놀이에서 만큼은 이해해주고 다양한 근거를 펼쳤다는 것에 의의를 두고 열린 마음으로 진행한다. 그래서 판정단 학생을 뽑을 때에는 잘 들어주고 열린 사고방식을 가진 학생들 위주로 뽑아주면 좋다.

2. 활동하는 아이들을 지켜보면 부족함을 많이 느낄 것이다. 제대로 된 근거는 하나도 말하지 못하고 장난으로만 하는 학생들이나 다른 친구의 말을 귀담아 듣지 않는 학생들이 보이면 괜히 이 활동을 시켰나 하는 생각이 들 때도 있다. 그러나 전체 또는 모둠 대형으로 토론할 때보다 자유롭게 돌아다니며 활동을 할 때 아이들은 쉽게 입을 열게 된다. 또한 다른 친구의 근거를 듣다 보면 하나라도 자신의 것으로 삼을 수 있다는 점에서 미약하나마 조금씩 성장하고 있다는 점을 꼭 기억하기 바란다.

13

색다른 음악 & 미술시간

(#교과·학습)

릴레이 그리기

히든싱어

릴레이 그리기

책상 형태 | **학습형태**
준비물 | 8절 도화지, 모둠당 2장

활동 영상 보러가기

#무조건_성공 #미술시간 #꿀잼

활동소개

제목처럼 몇 번을 해도 질리지 않는 놀이로서 주로 봄, 여름, 가을, 겨울을 주제로 1년에 네 번 릴레이 그리기를 했습니다. 각 계절에 어울리는 단어들로 문제를 만들어 두었다가 준비가 덜 된 미술시간에 이 놀이를 합니다. 그때마다 학생들 반응은 폭발적입니다. 무엇보다 매력적인 것은 아이들끼리 주도적으로 할 수 있는 놀이이기 때문에 선생님의 개입이 거의 필요가 없다는 점! 그만큼 완성도가 높은 놀이입니다.

(문제지 파일은 블로그 https://blog.naver.com/ljh6969-교실놀이목록에서 다운받으세요.)

活동의 실제 ─────────

🔍 놀이 전 준비

1) 모둠 대형으로 만든다.

2) 모둠당 8절 도화지 2장을 나누어 준다.

3) 문제지는 뒤가 보이지 않도록 색지로 가리거나 색지에 출력한다.

4) 문제를 가렸다 보여줄 수 있도록 파일에 끼워놓는다.

5). 모둠 내에서 1번, 2번, 3번, 4번과 같이 순서를 정한다.

📝 놀이방법

1) 선생님은 문제지를 들고 교실 한쪽에 서 있는다.

2) 시작되면 각 모둠의 1번 학생이 동시에 나와 선생님께 1번 문제를 확인한다.

   - 문제는 차례대로 공개한다.

   - 문제가 공개될 때에 다음 문제부터는 파일에 가려져 있어야 한다.

3) 문제를 확인한 학생들은 모둠으로 돌아가 문제를 8절 도화지에 그림으로 설명한다.

   - 글이나 말로는 설명할 수 없고 정답이 나올 때 오직 그림으로 설명해야 한다.

4) 정답이 나오면 2번 학생이 선생님께 가서 정답을 귓속말로 이야기한다. 그리고 다음 문제 확인 후 모둠으로 돌아가 그림으로 설명한다.

   - 다른 모둠이 들을 수 있기 때문에 정답을 조용히 이야기한다. 또한 선생님께도 조용히 귓속말로 이야기한다. 만약 선생님께 갔는데 다른 모둠의 학생이 먼저 와있으면 다섯 발자국 정도 물러서 기다린다.

5) 답이 나오면 다음 번호 학생(3번)이 선생님께 가서 정답(2번 문제의 정답)을 이야기하고 다음 문제를 확인한다. 2~5번의 과정을 반복한다.

6) 공평성을 위하여 선생님은 중간중간 서 있는 위치를 이동한다.

7) 20번의 모둠 미션을 완료한 모둠이 3팀 정도 생기면 놀이를 종료한다.

   - 20번 모둠 미션은 그림 그리는 것이 아니라 미션을 몸으로 수행하는 것(다 같이 선생님께 "사랑해요!"라고 하며 하트 날리기, 교실 2바퀴 돌기)이다.

활동유의사항 ─────────

① 문제를 그림으로 설명하는 학생은 고개를 숙이고 도화지에 그림만 그려야 하는데, 마음이 급하여 입 모양으로 답을 이야기하는 학생이 있다. 아이들이 의심스럽다면 반칙할 경우 1분간 문제풀기 금지와 같은 규칙을 추가한다. 하지만 처음부터 규칙을 미리 강조하면 아이들은 굉장히 규칙을 잘 지킨다.

② 그림을 못 그리는 학생 때문에 정체되는 모둠이 있다. 회전이 안 되는 모둠은 1~2번 정도 패스(pass)를 쓸 수 있다. 또는 놀이가 끝난 후 다음 놀이를 할 때 모둠 구성원을 조금 변경한다.

놀이활용 Tip

1. 놀이가 끝나면 바로 다음 놀이를 시작하지 말고 실물화상기로 아이들이 그렸던 그림들을 보여준다. 아이들의 그림들을 보며 다시 퀴즈식으로 과연 이 그림이 무엇인지 맞혀보는 시간을 가지는 것도 좋다. 친구들의 재치 넘치는 그림들을 보며 한 번 웃고, 또 우스꽝스럽게 그린 그림들을 보며 한 번 더 같이 웃는다. 같은 문제를 사람마다 다르게 표현하는 것을 보며 아이들은 많은 아이디어를 머릿속에 담아갈 것이며 배움의 기쁨에 모두가 행복해진다.

2. 똑같은 방식이지만 그리기를 몸으로 표현하는 것으로 바꿔서 진행할 수 있다. 한 개의 규칙만 바꾸었을 뿐인데 아이들은 새롭게 느끼며 너무나 재미있어 한다. 국어의 역할극이나 음악, 체육의 표현, 연극의 기초로 활용해보자.

히튼싱어

책상 형태 | **학습형태**
준비물 | **화이트보드(공책)**

활동 영상 보러가기

#앞에서_노래부르기 #음악시간 #자신감

활동소개

음악시간만 되면 입을 다무는 아이들, 열심히 부르지 않는 아이들 때문에 걱정이
죠? 그런 걱정을 단번에 해결할 학습놀이입니다. 아이들이 알아서 열심히 노래 부
르는 기적을 볼 수 있습니다.

활동의 실제

🔍놀이 전 준비

1) 음악시간에 배운 가창곡 한 곡이면 끝!

📝놀이방법

1) 술래 모둠을 뽑기 프로그램이나 희망하는 순서 등의 방법으로 정한다.
2) 술래 모둠은 교실 바깥으로 나간다.
3) 술래 모둠은 교실 밖에서 '히든싱어'를 한 명 정한다.
   - 토의로 정하는 것은 시간이 오래 걸리므로 "하나! 둘! 셋!"을 외침과 동시에 본인 외의 친구 한 명을 찍어 가장 많은 지목을 받은 학생을 '히든싱어'로 정한다.
4) 술래 모둠은 다시 교실로 들어와 음악책을 들고 자신의 모둠 앞에 자리 잡는다. 그리고 뒤돌아서 반주에 맞추어 노래를 부른다.
5) 이때 '히든싱어'는 노래를 부르지 않는다.
6) 술래 모둠 외의 나머지 학생들은 '히든싱어'가 누구일지 추측해 보며 노래를 듣는다.
7) 노래가 끝나면 모둠끼리 투표를 하여 '히든싱어'일 것 같은 사람 한 명의 이름을 화이트보드에 적는다.
8) '히든싱어'를 공개한다.
9) 정답을 맞힌 모둠은 1점을 얻는다.
10) 모둠별로 돌아가며 2)~10)의 과정을 반복한다.

활동유의사항

① 술래 모둠이 서 있는 위치는 교실 앞으로 고정하지 않는다. 술래 모둠은 자신의 모둠에서 가까운 곳에 자리 잡은 후 뒤돌아 서서 노래를 부른다.
   - 이 활동은 술래 모둠에 가까이 있는 모둠이 유리하기 때문에 위와 같은 규칙을 만들었다. 예를 들어, 1모둠은 창가 쪽, 2모둠은 칠판 앞, 3모둠은 복도 창가 쪽에 자리 잡는다.
② 친구들이 너무 잘 맞힐까봐 작은 목소리로 노래 부르는 경우가 있다. 최소한의 목소리 크기를 선생님이 시범 보여주고 아이들과 몇 번의 연습 후 활동한다.

놀이활용 Tip

1. 아무리 본인이 절대음감이든 꾀꼬리 같은 목소리를 가지고 있든 노래 부를 때 목소리가 작으면 소용없다. 마찬가지로 선생님이 아무리 명강사이더라도 아이들이 음악에 흥미를 못 느낀다면 의미가 없다. 매번 놀이수업으로 진행할 수는 없지만 아이들의 흥미도가 떨어져 보이거나 자신감이 결여되어 보인다면 적극적으로 히든싱어와 같은 음악 놀이를 활용해보자. 음악시간에 활기를 불어넣을 수 있는 최고의 무기가 될 수 있다.

2. 술래 모둠 외의 나머지 학생들은 개인전으로 진행해도 좋다.

14

혼자하기 아까운 차시 & 단원 정리 놀이

(#교과·학습)

빙고 학습놀이

뒤죽박죽 낱말 찾아라! 놀이

GOGO 전진학습

빙고 학습놀이

책상 형태 | **학습형태**

준비물 | **종이, 연필**

활동 영상 보라가기

#빙고놀이 #핵심단어+문장 #협력_학습

활동소개

모두가 아는 빙고 놀이 방식을 이용해서 차시나 단원 정리용으로 만들어 보았습니다. 차시나 단원에서 가장 중요한 핵심단어나 문장을 빙고칸에 쓰고 친구를 만나 단어를 설명합니다. 서로 단어를 맞힐 때만 동그라미를 할 수 있으며, 먼저 3줄이나 4줄의 빙고를 만들면 승리하는 놀이입니다. 즐거운 놀이를 통해 차시 또는 단원을 정리해보기 바랍니다.

활동의 실제

🔍 놀이 전 준비

1) 노트나 연습장에 빙고칸(3×3, 4×4)을 만든다.
2) 차시나 단원에서 배운 핵심단어를 빙고칸에 채운다.
   - 3×3 빙고칸일 경우 중앙에 자신이 가장 잘 설명할 수 있는 단어를 쓴다.
   - 교과서를 보며 가장 중요한 핵심단어를 잘 선택하고 모두 자신이 말로 설명할 수 있도록 공부하며 채운다.

📝 놀이방법

1) 자신이 작성한 빙고 종이와 연필을 들고 돌아다닌다.
2) 친구와 만나 가위바위보를 한다.
3) 가위바위보를 진 학생이 이긴 학생에게 자신이 적은 핵심단어를 말로 설명한다.
   - 직접적인 힌트를 주면 안 되며 말이나 행동으로 설명한다.
4) 가위바위보를 이긴 학생은 진 학생의 설명을 듣고 두 번 이내에 답을 맞힌다.
   - 두 번 이내에 답을 못 맞히면 그 친구와 헤어져 다른 친구를 만난다.
5) 답을 맞혔다면 가위바위보를 이긴 학생이 진 학생에게 자신이 적은 핵심단어를 설명한다.
6) 가위바위보를 진 학생은 이긴 학생의 설명을 듣고 두 번 이내에 답을 맞힌다.
   - 두 번 이내에 답을 못 맞히면 그 친구와 헤어져 다른 친구를 만난다.
7) 둘 다 서로의 핵심단어를 맞혔다면 핵심단어에 연필로 동그라미 한다.
8) 같은 방식으로 친구를 만나 가위바위보를 하며 서로 문제를 내고 맞힌다.
9) 3줄이나 4줄 빙고가 되면 선생님에게 가서 성공의 하이파이브를 한다.
10) 1등은 선생님 옆으로 서고 2등은 선생님과 하이파이브, 1등과 하이파이브 후 1등 옆으로 선다. 이런 방식으로 쭉 하이파이브를 하며 선다.
11) 절반 정도가 성공하면 모두가 찬스맨 또는 찬스우먼이 되어 아직 성공하지 못한 친구의 답을 맞혀주며 반 학생 모두가 성공하도록 한다.

활동유의사항

① 최대한 다양한 친구를 만나며 활동하도록 한다.
② 친구를 만나 설명하고 맞히는 활동을 양심껏 하도록 지도한다.
   - 직접적인 설명 금지, 두 번 이내에 맞히기 등
③ 등수가 중요한 게 아닌 반 학생 모두가 빙고가 될 수 있도록 서로 협력한다.

놀이활용 Tip

1. 차시나 단원의 핵심단어의 수에 따라 3×3, 4×4, 5×5의 빙고칸을 선택한다.

2. 빙고칸에 핵심단어를 적으며 공부할 수 있는 시간을 준다.

3. 빙고칸 수와 줄 수는 3줄~5줄까지 활동 시간을 고려하여 선택한다.

4. 핵심단어를 적을 때는 자신이 잘 설명할 수 있고 다른 친구들도 충분히 알 수 있는 단어를 선택한다.

뒤죽박죽 낱말 찾아라! 놀이

책상 형태 | **학습형태**
준비물 | **학습지, 연필**

활동 영상 보러가기

#섞인_핵심단어 #모둠_협력학습 #말로하는_학습놀이

활동소개

뒤죽박죽 섞여 있는 낱말 중에 그동안 배운 핵심단어를 찾으며 모둠원에게 설명하고 맞히는 모둠 협력 학습놀이입니다. 모둠원끼리 차시나 단원을 복습하며 학습지에 낱말을 가로, 세로, 대각선 방향으로 뒤죽박죽 섞어서 씁니다. 섞어 쓴 학습지를 정해진 곳에 두고 모둠에서 한 명씩 다른 모둠의 학습지의 단어를 찾아 팀원에게 설명해서 많이 맞히는 팀이 이기는 놀이입니다. 핵심단어로 낱말 학습지를 만드는 재미, 찾는 재미, 설명하고 맞히는 재미를 협력의 요소와 함께 즐겨보기 바랍니다.

130

🔖 놀이 전 준비

1) 교과서를 보며 학습한 내용을 복습하며 핵심단어를 찾는다.
   - 핵심단어는 1음절에서 4음절 정도가 적당하다.
2) 차시나 단원에서 배운 핵심단어를 학습지에 채운다.
   - 종이 위에는 5×5 형태의 칸을 그리고 아래에는 핵심단어를 적을 공간을 마련한다.
   - 먼저 학습지 아래 부분에 핵심단어를 10개 정도 적고 난 후 적은 핵심단어를 이용해 5×5 형태의 칸에 가로, 세로, 대각선으로 연결해서 쓴다.

📝 놀이방법

1) 4~6명을 한 모둠으로 구성해서 학습지를 함께 협력하며 채운다.
2) 학습지를 다 쓴 후 아래 부분에 적은 핵심단어가 안 보이게 뒤로 접고 정해진 책상에 놓는다.
   - 책상은 다른 모둠이 왔다 갔다 하기 편한 뒤쪽 책상으로 정한다.
   - 책상에 모둠별로 학습지를 놓는다.
3) 시간(10분)을 정해 놓고 시작 신호에 모둠원 중 한 명이 일어나 연필을 들고 학습지가 있는 장소로 간다.
4) 자신의 모둠이 아닌 다른 모둠의 학습지로 가서 연필로 배운 핵심단어를 찾아 동그라미 한다.
   - 이미 동그라미가 되어 있는 단어에 동그라미를 하면 안 된다.
5) 모둠으로 돌아와 동그라미 한 핵심단어를 말과 행동으로 설명한다.
   - 직접적인 설명은 금지이며 양심껏 배운 내용을 생각하며 잘 설명한다.
   - 설명한 단어를 모둠원이 맞히면 칠판으로 가서 자신이 맞춘 모둠의 이름 밑으로 '자신의 모둠명+핵심단어'를 적는다.
   예) 1모둠 : ○○○
   - 칠판에 적은 후에 다음 모둠원이 출발하도록 한다.
   - 설명한 단어를 모둠원이 맞히지 못하면 다른 모둠원이 일어나 정해진 장소의 학습지로 가서 핵심단어를 찾아와서 활동한다.
6) 같은 방식으로 정해진 시간(10분) 동안 활동을 한 후 학습지를 칠판에 가져와 붙여 다른 모둠에서 맞힌 핵심단어가 맞는지 학습지를 보며 채점한다.
   - 채점을 할 때는 학습지를 적은 모둠이 나와서 채점을 해도 좋다.
7) 맞춘 핵심단어가 가장 많은 모둠이 우승한다.

① 다른 모둠이 못 맞히게 일부러 핵심단어가 아닌 어려운 단어를 적지 않도록 한다.

② 단어를 적을 때 쉽게 찾을 수 있게 왼쪽에서 오른쪽으로 붙여 쓰게 한다.

  - 활동이 익숙해지면 단어를 거꾸로 쓰게 하거나 띄어 쓰게 한다.

③ 핵심단어를 설명할 때 양심을 지켜 직접적인 설명은 하지 않도록 한다.

④ 모둠원이 모두 돌아가며 설명할 수 있도록 순서를 정해서 활동한다.

놀이활용 Tip

1. 국어 시간에 읽은 글의 단어로 학습지를 만들어도 좋다.

2. 사회 시간, 차시나 단원 정리용 핵심단어로 활동을 해도 좋다.

3. 놀이 방법을 익히기 위해 좋아하는 동물, 과일 이름으로 연습활동을 해도 좋다.

4. 핵심단어가 많은 경우 5×5가 아닌 6×6으로 칸을 늘려 활동한다.

5. 모둠당 연필 한 자루만 사용하게 해서 연필이 바톤 역할을 하게 해도 좋다.

모둠	

<뒤죽박죽 숨은 낱말 찾기 놀이>
배운 단어를 가로, 세로, 대각선에서 찾아보세요!!

---------------------------<접는 선>---------------------------
<배운 단어>

날짜 :		단숨목표 :		
1		6		
2		7		
3		8		
4		9		
5		10		

<뒤죽박죽 학습지>

(학습지는 '쏭쌤의 놀이를 적용한 주간 체육수업'(네이버 밴드)에 있습니다.)

GOGO! 전진학습

책상 형태 | **책상활용**
준비물 | **괄호학습지**

활동 영상 보러가기

#암기의_끝판왕 #전천후_적용 #꿀잼학습

활동소개

평소 괄호학습지 많이 활용하죠? 괄호를 채운 뒤 발표로 답을 확인하거나 직접 답을 불러주고 채점을 하는 방식으로 수업을 마치는 경우가 많습니다. 그리고 괄호학습지를 만든 수고를 생각하면 이 1시간의 수업이 굉장히 아쉬울 때도 있습니다. 또한 아이들이 답을 찾아 쓰는 것에만 급급해 보이기 때문에 정말 머릿속에 확실하게 외우고 있는지 궁금할 때도 있을 겁니다.

'GOGO! 전진학습' 놀이는 그래서 만들어졌습니다. 이 놀이는 괄호학습지를 활용하

133

여 아이들이 내용을 확실히 암기할 수 있도록 만들었습니다. 그냥 앉아서 지루하게 외우는 것이 아닙니다. 놀이와 학습을 적절하게 융합하였기 때문에 실제 활동한 아이들의 반응은 "재미있다, 공부가 쉽다, 공부가 재미있다." 등으로 매우 긍정적이었습니다. 이 활동을 끝낸 후 실제로 얼마나 암기가 되었는지 확인을 해 보니 그 결과는 상상 이상이었습니다.

활동의 실제

🔍 놀이 전 준비

1) 2~3차시 또는 그 이상의 분량(또는 단원총정리)에 대해 학습지를 준비한다.

1단계	조상 대대로 내려오는 문화 중에서 다음 세대에게 물려 줄 만한 가치가 있
	시각을 알려주는 종이 있는 곳 앞에 있던 길의 이름
	( )은 땅의 생김새나 옛날에 있었던 일 등과 관련이 깊음
2단계	고장의 문화재를 직접 가보는 것을 무엇이라 할까요?
	제주도 한라산에 있는 호수
	얼음창고
3단계	인터뷰, 서로 만나서 이야기함
	조선 시대 신분 가운데 지배계층의 명칭
	옛날에 ( )을 저장하는 서쪽 창고가 있었기 때문에 '서빙고동'
4단계	조선 시대 평민들이 양반이 타고 가는 말을 피해 숨었던 좁은 골목
	고려 - 조선 시대에 지방에 있던 나라에서 세운 학교
	옛날부터 민간에서 전하여 내려오는 이야기. 보통 장소가 있음
5단계	김대성은 현생의 부모님을 위해 ( )를 지었고, 전행의 부모님을
	코끼리 바위, 촛대 바위가 있는 곳
	형태가 없는 문화유산을 무엇이라고 하나?
6단계	삼천갑자(18만년) 동안이나 살았다고 하는 전설의 사람
	조선 시대 신분 가운데 지배계층의 명칭
	옛날 마을의 형태가 잘 보존되어 있는 마을

2) 아이들이 스스로 책을 찾아보며 괄호를 채운다.

3) 10~20분 정도 자기주도적 학습 시간을 가진다.

4) 팀을 2팀으로 나눈다.

5) 한 팀이 10명이라면 5명은 문제출제자 자리, 5명은 문제해결자 자리에 위치한다.

📝 놀이방법

1) 놀이가 시작되면 1번 문제해결자는 상대팀의 1단계 문제출제자 앞에 서서 문제를 푼다.

2) 이때 문제출제자는 본인이 맡은 3~5개의 문제 중 한 문제만 낸다.

3) 답을 해결하면 다음 문제출제자(2단계 문제출제자) 앞으로 전진하여 또 문제를 푼다. 이때 다음 문제해결자는(2번 문제해결자) 1단계 문제출제자 앞으로 와 문제를 푼다. 1~3번의 과정을 반복한다.

4) 답이 틀릴 경우에는 정답을 듣고 문제해결대기 줄의 맨 뒤로 가서 자신의 차례를 다시 기다린다.

5) 위와 같이 맞힌 사람은 계속 전진, 틀린 사람은 줄의 맨 뒤로 간다.

6) 계속 전진하여 모든 문제출제자가 다 지나가면 칠판에 적힌 자신의 팀 점수판(아래 그림 참고) 중 1단계 옆에 자석을 부착 후 우리 팀의 1단계 문제출제자와 자리를 교체하고 놀이에 다시 참여한다. (즉, 문제를 다 해결한 학생은 1단계 문제출제자가 되는 것이고, 1단계 문제출제자는 문제해결자의 역할로 변경되는 것이다.)

7) 모든 단계를 성공한 2번째 문제해결자는 점수판 중 2단계에 자석을 부착하고 자기 팀의 2단계 문제출제자와 자리를 교체한다. (즉, 문제를 다 해결한 학생은 2단계 문제출제자가 되는 것이고, 2단계 문제출제자는 문제해결자의 역할로 변경되는 것이다.)

8) 위의 과정을 반복하여 점수를 많이 내는 팀이 승리한다.

<칠판>

1단계	○		
2단계	○		
3단계	○		
4단계	○		
5단계			
6단계			

1단계	○		
2단계	○		
3단계	○		
4단계			
5단계			
6단계			

① 문제출제자 중 가지고 있는 모든 문제를 출제하는 경우가 있다. 문제는 한 문제만 출제한다.

② 문제를 틀린 학생은 전진할 수 없다. 줄의 맨 뒤로 이동하여 다시 도전한다.

③ 모든 단계를 전진하고도 다시 문제해결자 자리에 줄을 서는 경우가 있다. 모든 단계를 전진한 사람은 문제출제자와 역할을 바꾸어야 한다.

④ 출제자와 자리를 바꿀 때 누구와 바꾸는지 모르는 학생이 있다. 처음이기 때문에 이 모든 일이 일어날 수 있음을 미리 마음먹고 있어야 한다. 예상치 못한 행동을 하는 학생들을 보면 선생님도 당황스럽고 혼란이 올 수 있지만, 미리 모든 상황을 예상하며 아이들의 활동을 바라보면 좀 더 현명하게 대처할 수 있고 당황하지 않는다. 그리고 이러한 학생들이 나올 수 있음을 미리 차근차근 아이들에게 활동 전에 다 설명해주면 놀랍게도 아이들은 쉽게 잘 이해한다. 20분~30분 정도 활동한 후 선생님은 어떠한 설명도, 개입도 없이 즐겁게 아이들의 활동을 관전하고 있게 될 것이다.

놀이활용 Tip

1. 각 팀에 공부 잘하는 학생과 부진한 학생의 비율을 골고루 배정해주면 좋다. 양 팀의 능력치가 비슷해야 아슬아슬 긴장감 있는 대결이 가능해진다. 또한 승부욕에 불타는 학생들의 마음도 어느 정도 달랠 수 있다.

2. 활동 전에 놀이를 하는 이유는 승패를 겨루기 위해서 혹은 누가 공부를 잘하는지를 보기 위해서가 아니라 모두가 공부를 즐겁게 하기 위해서이며, 단순히 앉아서 문제를 해결하는 것보다 몸을 움직이며 활동하는 것이 더 행복하기 때문이라는 것을 강조하면서 바람직한 활동문화를 만들어준다.

3. 별다른 인위적 배치 없이 활동을 시작하면 오랜 시간 동안 아무도 점수를 내지 못할 수 있다. 따라서 가급적 공부를 잘하는 학생이 먼저 문제해결자 자리에, 부진한 학생들은 문제출제자 자리에서 시작하게 한다. 부진한 학생들이 먼저 문제 출제를 하며 답을 익히게 되기 때문에 문제 풀 때 도움이 되어 순환이 잘 된다. 한 출제자당 3~5문제를 가지고 그중 하나씩 골라 문제를 내는 것이 적당하다. 너무 많거나 적으면 난이도 조절에 실패하여 점수를 너무 많이 내거나 너무 적게 내게 된다. 빠른 순환을 위해 정답을 생각하고 푸는 시간은 10초로 제한한다. 문제출제자는 문제를 다 읽은 뒤 천천히 손가락으로(말로 하지 않고) 10을 세어주면 된다.

4. 세상 모든 학급의 아이들은 수준이 다르다. 활동에는 변수가 많기 때문에 제 규칙을 곧이 곧대로 적용하지 말고 운영의 묘를 발휘해보자. 예를 들어, 10분~20분 정도 진행해도 점수판에 자석이 텅텅 비어 있다면 문제출제자를 줄이면 된다.

놀이 운영 SOS

"벌칙으로 장기자랑을 할 경우 쑥스러워 하는 아이들 때문에 진행이 힘들어요. 그렇다고 벌칙이 없으면 게임이 지루할 것 같아요."

저는 벌칙으로 세 번 걸리면 장기자랑하는 것을 애용하고 있습니다. 원 대형에서 하는 놀이들(당신의 이웃을 사랑합니까?, 과일바구니와 같은 유명한 놀이 등)에서는 특히 스릴을 위해 장기자랑이 필요하죠. 그래서 창체시간이나 음악표현시간에 미리 아이들이 모두 할 수 있는 장기자랑을 정하고 그것을 연습해놓습니다. 쉽게 할 수 있는 '코끼리 코 10바퀴 돌고 한 발로 균형 잡기, 머리로 이름 쓰기'부터 요즘 유행하는 간단한 춤들을 몇 가지 정하고 그것을 함께 연습합니다.

그리고 여기서 정한 장기자랑들을 쪽지에 적은 후 바구니에 넣어 두었다가 장기자랑이 필요할 때 뽑아서 하면 누구나 쉽게 장기자랑을 할 수 있겠죠? 그래도 혼자 하는 것을 부끄러워하는 아이가 있다면 나서기 좋아하는 친구들을 이용하세요. "미션 도와주고 싶은 사람?"이라고 외치기만 하면 나서기 좋아하는 학생들이 우르르 나와 부담 없이 장기자랑을 즐길 수 있습니다.

Part 05

방학 전
싱숭생숭한 마음 잡기

15

무더운 여름!
에어컨 켜고 놀기 딱 좋은 활동
(#신체놀이)

교실술래잡기

쓰리볼! 야구형 놀이

교실술래잡기

책상 형태 | **학습형태**
준비물 | **타이머**

> #이종대왕버전 #술래잡기 #열광놀이

나는 천사~
앉아있는 시민을
터치하여
살릴 수 있어요.

나는 좀비!!
천사와 시민을
터치하여
죽일 수 있어요.

나는 시민..
좀비한테 죽어서
앉아있어요.
천사야~
터치해서 살려줘~

활동소개

'교실술래잡기'는 이제껏 다양한 버전을 선생님들께서 소개해왔습니다. 저 역시 10 가지가 넘는 교실술래잡기를 해보면서 어떻게 하면 좀 더 스릴있고 흥미진진하게 아이들이 즐겁게 술래잡기를 교실에서 할 수 있을까 고민하며 이번 교실술래잡기 를 소개하게 되었습니다. 교실에서 술래잡기 가능하냐구요? 가능합니다!

활동의 실제

놀이 전 준비

1) 대형을 바꾸지 않고 책상, 의자를 장애물로 이용하기 때문에 좁은 공간에서 효과적으로 술래잡기를 할 수 있다. 다만, 학생들의 의자는 책상에 집어 넣어준다.

놀이방법

1) 모두 엎드린 상태에서 천사 3명과 좀비 2명을 뽑는다.
2) 타이머를 2분에 맞추고 놀이를 시작한다.
3) 좀비는 빠른 걸음으로 돌아다니며 학생들(시민들)을 터치하며, 뛰는 것은 반칙이다.
4) 터치 당한 시민들은 제자리에 앉는다.
5) 천사들은 좀비 몰래 앉아 있는 시민들을 터치하여 살려준다.
6) 2분이 지났을 때 1명이라도 천사 포함 시민이 생존하였으면 천사와 시민의 승리이다.
7) 2분이 지났을 때 천사 포함 모든 시민이 제자리에 앉아 있으면 좀비들의 승리이다.

활동유의사항

① 놀이가 항상 천사와 시민들의 승리로 끝난다면 천사를 3명에서 2명으로 줄여준다. 반대로 항상 좀비들이 승리한다면 천사를 3명에서 4명으로 늘려준다.
② 책상 밑이나 구석, 장애물 사이로 숨는 것은 반칙이다.

놀이활용 Tip

1. 뛰는 것은 반칙이나 이를 자꾸 어기는 학생들이 있다. 이런 경우 다리 사이에 공을 넣고 다니거나 머리 위에 팀조끼 같은 것을 올리고, 공이나 팀조끼가 떨어지면 아웃되는 규칙을 추가하면 뛰는 것을 방지할 수 있다. 나름 벌칙인데 오히려 아이들은 더 재미있어 한다.
2. 이종대왕표 교실술래잡기를 변형한 '안대술래잡기'
   - 안대를 '(전체 학생수) -1' 만큼 준비한다.
   - 최초 술래는 2명으로 안대를 쓰고 돌아다니며 학생들을 터치한다.
   - 교실술래잡기와 마찬가지로 모든 학생은 빠른 걸음으로 걸어 다닌다.
   - 술래에게 터치 당한 학생은 술래에게 감염되어 안대를 차고 걸어 다닌다.
   - 최후의 생존자 1인이 나올 때까지 놀이를 진행한다.
   - 비 오는 날, 불을 끈 채 음산한 노래를 배경으로 놀이를 하면 더욱 재미있다.

쓰리볼! 야구형 놀이

책상 형태 | 책상밀기
준비물 | 의자 4개, 책상 1개, 티볼공 또는 탁구공, 노란 바구니 3개, 점수판

활동 영상 보러가기

#공3개_던지기 #교실야구 #누가빠를까?

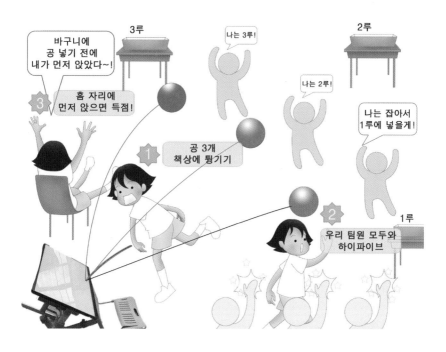

활동소개

좁은 교실에서 활동성이 많은 야구를 하기에는 어려움이 많죠? 던지고 치고 받으며 달리는 야구에서 위험성이 큰 활동은 배제하고 만든 교실용 야구형 놀이입니다. 공격자는 책상 바운더에 공 3개를 힘껏 던지고 자기 팀원과 하이파이브를 한 후 다시 홈으로 돌아오며, 수비자는 3개의 바구니(루)에 공을 잡아넣는 활동으로 공격자가 홈에 들어오는 게 빠른지, 수비자가 공 3개를 바구니에 넣는 게 빠른지를 겨루는 활동입니다.

143

활동의 실제

🔍 놀이 전 준비

1) 교실의 책상을 한쪽으로 밀고 의자를 1루, 2루, 3루, 홈 방향에 놓는다.

2) 1루, 2루, 3루 의자 위로 바구니를 놓는다.

3) 홈에는 의자를 뒤집고 책상을 기울여 책상 바운더를 만든다.

4) 본 놀이하기 전 공격 연습과 수비 연습을 실시한다.
   - 공격수는 공 3개를 연속해서 던진다.
   - 수비수는 바닥에 앉아 공을 잡아 3개의 바구니에 각각 1개의 공을 패스를 통해 넣는다.

📝 놀이방법

1) 수비팀이 경기장에 들어가 앉는다.
   - 책상 바운더에서 2m 이내에는 수비수가 들어오지 않게 한다.

2) 공격팀은 칠판 쪽 책상에 타순대로 앉는다.

3) 공격수 1명이 공 3개를 들고 책상 바운더에 연속해서 공을 던져 튕겨 나갈 수 있게 한다.
   - 책상 바운더에 맞지 않은 공은 빼고 수비를 해도 좋다.
   - 각도와 힘을 조절해서 적절하게 공을 던진다.
   - 자신이 던진 공에 자신이 맞지 않도록 한다. 만약, 맞는다면 아웃이 된다.

4) 수비팀은 공을 잡아 각 루에 있는 바구니에 공 1개씩을 빠르게 넣는다.
   - 던져 넣다가 공이 바구니에서 나온 경우에는 다시 공을 바구니에 정확히 넣어야 한다.
   - 팀원끼리 패스해서 바구니 안으로 공을 잘 넣도록 한다.

5) 공격수는 공을 던진 후 책상 끝 지점에 앉아 있는 우리 팀원과 하이파이브 후 다시 홈에 있는 의자로 와서 앉는다.

6) 수비팀이 공을 바구니에 넣는 것이 빠른지 공격수가 홈에 있는 의자에 앉는 것이 빠른지를 결정해서 득점을 낸다. 이때 공격수가 빠르면 1점을 득점한다.

7) 전원 타격제로 한 후 다득점한 팀이 이긴다.

활동유의사항

① 책상 바운더에 공을 던질 때 직접 누군가 맞거나 튕겨져 나온 공에 맞지 않도록 조심한다.

② 공격수는 팀원과 하이파이브 후 의자에 앉을 때 무리해서 다치지 않도록 한다.

③ 책상 바운더에 몸을 부딪쳐 다치는 일이 없도록 주의한다.

놀이활용 Tip

1. 수비팀이 바구니에 공 3개를 넣는 시간과 공격이 홈에 들어와 의자에 앉는 시간을 잘 조절하여 공격과 수비가 적절하게 될 수 있게 연습시간을 통해 조절한다.
   - 공격팀이 불리할 경우: 책상 끝 지점에 앉아 있는 학생과 하이파이브를 할 것이 아니라 중간 지점의 학생과 하이파이브 하고 돌아온다.
   - 수비팀이 불리할 경우: 1루, 2루, 3루의 의자 위치를 조금 더 가깝게 조절한다.
3. 공의 종류는 탁구공으로 해도 좋으나, 더 잡기 힘들기 때문에 활동 중 사용 개수는 2개로 줄이는 것이 좋다.
   - 점수판이 없다면 칠판에 '바를 정(正)'으로 점수를 적어도 좋다.

16

시간 많은 학기 말!
선생님 개입 없어도 아이들끼리!
(#신체놀이)

가위바위보 유연성 놀이

팀조끼 꽃이 피었습니다

가위바위보 유연성 놀이

책상 형태 | 책상밀기
준비물 | 점수판

활동 영상 보러가기

#다리찢기 #유연성_증진 #가위바위보_재미

활동소개

교실에서 할 수 있는 가위바위보를 이용한 유연성 놀이입니다. 두 팀으로 나눠 술래와 가위바위보를 해서 이기면 한 발을 찢어 나가고, 지거나 비기면 손가락을 바닥으로 3초 동안 유지하는 놀이로 다리 찢기, 허리 숙이기 등의 활동으로 유연성을 증진할 수 있습니다. 사물함 쪽에서 출발해 칠판 쪽 도착 지점을 통과하면 1점을 득점하며 득점 후 앞문으로 나가 복도를 통과해 다시 사물함 쪽으로 가서 지속적으로 놀이에 참여할 수 있습니다.

🔍놀이 전 준비

1) 교실의 책상을 한쪽으로 밀어 공간을 확보한다.
2) 두 팀으로 나눠 사물함에 같은 팀끼리 붙어서 선다.
3) 술래 1명은 칠판 앞에 서 있으며, 중앙에 책상을 놓고 그 위로 점수판을 준비한다.

📝놀이방법

1) 두 팀이 사물함에 붙어 서서 술래와 가위바위보를 한다.
2) 가위바위보를 이기면 다리를 찢어 한 발은 앞으로 나간다.
   - 지거나 비기면 허리를 숙여 손가락을 바닥에 3초 정도 닿게 한다.
3) 칠판 앞 도착 지점에 발이 닿을 때까지 반복해서 술래와 가위바위보를 한다.
   - 술래는 모든 학생이 다리 찢기, 손가락 바닥에 닿기를 완료했는지 확인 후 가위바위보를 한다.
4) 술래를 이겨 발이 도착 지점에 닿으면 자기 팀 점수판의 점수를 1점 올린다.
5) 점수를 올린 후 앞문을 통과해 복도를 지나 다시 사물함에 붙어 선다.
6) 다시 활동에 참여해 술래와 가위바위보를 실시하며 득점할 수 있도록 다리찢기를 한다.
7) 정해진 시간(5분) 후 다득점한 팀이 이긴다.
   - 술래를 바꿔가며 다음 라운드를 진행한다.

① 시작할 때 사물함에 한쪽 발이 붙어 있는 상태에서 출발하게 한다.
② 더 멀리 나가기 위해 미끄러져 나가며 다리를 찢지 않도록 한다.
③ 조금씩 앞으로 나가는 반칙을 하지 않도록 한다.

놀이활용 Tip

1. 학급 인원이 많다면 두 팀의 인원으로 두 편으로 나눠 한 편은 처음에 출발하게 한 후, 30초 정도 후 어느 정도 출발하면 나머지 인원도 그렇게 한다.
2. 술래는 라운드마다 돌아가며 하며, 가위바위보와 함께 심판의 역할을 해서 허리를 숙여 손가락이 바닥에 닿는지 여부를 판단한다.
3. 라운드마다 두 팀의 위치를 바꿔가며 실시해서 앞문과 뒷문에서 가까운 팀의 유리함의 균형을 맞춘다.

4. 교실이 사물함과 칠판의 길이보다 복도 쪽 창문과 벽 쪽 창문의 길이가 더 길다면 긴 쪽으로 경기장을 설치한다.

놀이 운영 SOS

"활동 후 보상으로 뭐가 좋을까요?"

놀이 활동 후 결과에 따라 등수가 결정되는 경우가 있습니다. 활동 후 1등에게 보상을 걸고 하면 학생들이 훨씬 열심히 참여하는 장점이 있습니다. 하지만 1등에게 보상이 주어지면 진 학생들의 패배감이나 진 팀의 분위기가 더욱 안 좋아질 수 있습니다. 선생님마다 방법이 다르겠지만, 저는 대부분 놀이 활동 후 보상을 따로 주지는 않습니다.

학기 초 놀이 자체가 보상이며 놀이 활동의 목적은 "모두의 즐거움을 위한 것이지 이긴 학생의 즐거움에 있지 않다."라고 자주 말합니다. 이에 활동에서 이긴 팀이나 우승자에게 박수를 함께 치는 것으로 활동을 종료합니다. 하지만 활동의 목적이 반 전체가 협력해서 시간 도전을 한다거나 미션을 수행해야 하는 경우는 보상을 걸 때도 있습니다. 이렇게 하면 일부 학생에게만 보상이 주어지는 것이 아니므로 모두가 함께 열심히 참여합니다.

팀조끼 꽃이 피었습니다

책상 형태 | **책상밀기**
준비물 | **팀조끼(1인당 1장), 의자 6개, 우산 2개**

활동영상 보러가기

#무궁화꽃이_피었습니다 #표적놀이 #지속적인_참여

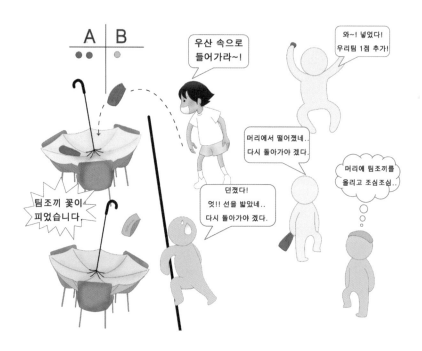

활동소개

'무궁화 꽃이 피었습니다' 놀이 모두 아시죠? 좁은 교실에서 어떻게 하면 이 놀이를 재미있게 할 수 있을까 생각한 끝에 만든 팀 경쟁놀이입니다. 기본 규칙은 '무궁화 꽃이 피었습니다' 놀이와 같지만, 움직임이 크면 안 되는 교실의 특성상 머리 위에 팀조끼를 얹고 하며 놀이 중 떨어지면 다시 출발선으로 갑니다. 머리 위 팀조끼는 도착 지점에서 우산에 넣게 하여 활동의 다양성을 주었으며 득점 후, 복도를 통해 다시 출발 지점인 사물함 쪽으로 이동하여 계속해서 놀이에 참여할 수 있습니다.

활동의 실제

🔍 놀이 전 준비

1) 교실의 책상을 한쪽으로 밀고 학생 한 명당 팀조끼 1장씩을 준다.

2) 칠판 쪽에 의자 3개 위에 우산을 펼쳐 놓는다.

  - 2세트를 만들며 우산의 크기는 비슷하게 한다.

3) 술래 한 명을 뽑아 칠판 앞에 서 있는다.

4) 두 팀으로 나눠 사물함에 붙어 서게 한다.

📝 놀이방법

1) 사물함에 붙어 선 두 팀원 모두 머리 위에 팀조끼를 올려 놓고 사물함에 붙어 선다.

  - 팀조끼는 2번 정도 접어 머리 위에 올려 놓으며, 활동 중 바닥에 떨어지면 다시 출발 지점으로 돌아가야 한다.

2) 칠판 앞에 술래 한 명은 "팀조끼 꽃이 피었습니다."라고 천천히 말한 뒤 "~다."의 말과 동시에 뒤를 돌아본다.

  - "팀!"이라는 말에 학생들이 움직여야 하며, 그 말을 하기 전에 움직인 학생은 사물함으로 다시 돌아가게 한다.

3) 술래는 "~다." 말에 움직이는 학생을 지목하여 출발선인 사물함으로 다시 돌아가게 한다.

4) 팀조끼가 바닥에 떨어지지 않게 최대한 조심하며 움직인다.

5) 도착 지점에 서서 머리 위에 있는 팀조끼를 잡아 자기 팀 우산에 던져 넣는다.

  - 우산에 들어가면 1득점 하며 우산에 넣지 못하면 팀조끼를 주워 다시 출발선인 사물함으로 돌아간다.

6) 점수판에 1득점을 올린 후 앞문으로 나가 복도를 통과해 출발선인 사물함 쪽에 붙어 팀조끼를 머리 위에 올린 후 다시 활동에 참여한다.

7) 술래는 계속해서 "팀조끼 꽃이 피었습니다."라는 말과 함께 돌아보며 움직이는 학생이 있으면 지목한다.

8) 술래에게 걸리지 않고 머리 위 팀조끼를 우산에 던져 넣으며 득점을 계속 쌓아간다.

9) 일정한 시간(10분) 후 다득점한 팀이 이긴다.

10) 술래를 바꿔가며 다음 라운드를 진행한다.

① 술래는 "팀조끼 꽃이 피었습니다."라는 말을 너무 빠르게 말하지 않도록 한다.
② 활동 중 상대팀을 방해하거나 막지 않는다.
③ 우산에 팀조끼를 던져 넣을 때 정해진 라인에서 던지도록 한다.

놀이활용 Tip

1. 라운드를 거듭할 때마다 우산과 팀조끼(던져 넣는 지점)를 점점 멀게 한다.
2. 우산에 팀조끼를 던져 넣기는 머리 위에 있는 팀조끼를 우산 앞에서 허리를 숙여 넣기로
   바꿔도 좋다.
3. 학급 인원이 많다면 두 팀의 인원을 두 편으로 나눠 한 편은 처음에 출발하게 한 후 30초
   정도 후에 어느 정도 출발하면 나머지 인원이 출발하게 한다.
4. 교실이 사물함과 칠판의 길이보다 복도 쪽 창문과 벽 쪽 창문의 길이가 더 길다면 긴 쪽으
   로 경기장을 설치한다.
5. 걷는 속도가 빠르다면 다리를 붙여 걷는 식으로 변형한다.
   - 다리를 붙이지 않고 걷는 학생이 있으면 선생님이 지적해서 출발선으로 돌아가게 한다.

17

1학기 동안 고생한 선생님! 이제 즐겨라!

(#조작놀이)

매직만화경

별 장난감 만들기

매직만화경

책상 형태 | **학습형태**

준비물 | 도안, 색연필(싸인펜), 가위, 풀

활동 영상 보러가기

#틱톡_끝판왕 #꿀잼만들기 #신기방기

활동소개

'틱톡'을 아시나요? 여러 동작을 사진으로 찍고 클릭 몇 번으로 멋진 영상을 만들어 주기 때문에 초등학생들이 가장 많이 활용하고 있는 핫한 어플입니다. 주로 댄스 영상이 '좋아요'를 많이 받는 편인데, 작년에 제 유튜브에 매직만화경을 만들어 올린 학생의 영상이 5k(5천) 이상의 '좋아요'를 받았습니다. 그만큼 매직만화경은 아이들이 정말 좋아하는 활동입니다. 이번 기회에 비장의 미술시간 무기(?)로 소장하세요.

(도안파일은 블로그 https://blog.naver.com/ljh6969-꿀잼미술목록에서 다운받으세요.)

154

🔍 주요 제작 과정

같은 번호가 적힌 칸끼리는 같거나 비슷한 무늬가 좋습니다.

도안에 무늬를 그립니다.

진하게 색칠하고 테두리를 따라 가위로 오려줍니다.

뒤집어 위의 뾰족한 세 부분을 접어줍니다.

도안의 세로선들을 모두 접었다가 펼칩니다.

도안의 대각선들을 양쪽 모두 접었다 펼칩니다.(총8번 접음)

사진과 같은 부분에 풀칠합니다.

뒤집어 사진처럼 붙입니다.

위의 뾰족한 부분을 모두 밖으로 접어줍니다.(총3번)

방금 밖으로 접은 부분을 안으로 또 접어줍니다.(총3번)

뾰족 위로 튀어나온 부분을 안으로
모두 접어줍니다.(총3번)

위아래를 뒤집어 야한 부분을 안으로
접습니다.(총3번)

위의 뾰족한 부분을 안으로 접습니다.
(총3번)

완성된 작품을 넘기면서
색칠안된 부분을 풀로 붙입니다.

넘겨도 넘겨도 새로운 무늬가!

놀이활용 Tip

1. 매직만화경은 '칼레이도사이클'이라는 접기 방식에서 아이들이 직접 무늬를 디자인할 수 있도록 변형한 형태이다. 무늬만 넣는 것이 아니라 문제와 정답을 적는 식으로 학습교구로도 활용할 수 있다. 처음 펼쳤을 때는 학습 문제와 관련된 내용들을 넣고, 두 번째 펼쳤을 때 정답을 적는 형식으로 5문제 이상 만들 수 있다.

2. 단원 정리시간에 매직만화경을 만들면서 각각 단원과 관련된 문제를 내서 매직만화경에 적게 한 후 다 만들면, 서로 돌아다니며 문제를 내고 맞히는 시간을 가지면서 즐겁게 단원 정리를 할 수 있다.

3. 매직만화경은 꼼꼼하게 접는 것이 제일 중요하다. 하지만 꼼꼼하게 잘 접는 아이들은 한정되어 있다. 그럴 때는 잘 접는 아이들을 활용하여 '꼬마 선생님' 자격으로 나머지 아이들을 도와주어야 한다.

놀이 운영 SOS

"한 번만 져도 자기 팀이 불리하다고 불평하는 아이들 때문에 힘들어요."

일단 학기 초에 여러 번 놀이를 하여 서로의 실력을 파악한 후 스스로 최대한 공평하게 팀을 나눠보게 합니다. 그리고 모두와 약속을 정하고 항상 놀이 전에 읽어주세요.
앞으로 놀이나 체육을 할 때 우리 팀이 불리하게 느껴진다면,

1. 더욱 열심히 해서 이기고자 노력하기
2. 더욱 협력하고 머리를 써서 승부하기
3. 몇 번 졌다고 불리하다고 불만 가지지 않기
4. 한 쪽 팀이 심하게 불리하다면 선생님이 알아서 조율해주기 때문에 믿고 놀이하기
5. 인성놀이이기 때문에 승패를 떠나 패하더라도 놀이를 즐긴다는 마인드로 활동하기
6. 이 약속 후 팀이 불리하다고 불만을 표시해 경고를 받으면 겸허하게 수용하기

별 장난감 만들기

책상 형태 | **학습형태**
준비물 | **색종이, 풀**

활동 영상 보러가기

#장난감 #뒤집기 #꾸미기_소품

#뒤집기_놀이   #꾸미기_놀이

별장난감 만들기&놀기

활동의 실제

색종이를 이용해 조작 놀이가 가능한 별 장난감을 만들어 봅시다. 상자 접기 방식을 이용해 8개를 접어서 붙여 만든 별 장난감은 계속해서 뒤집으며 놀 수 있습니다. 또한 원형으로 어느 정도까지 크기가 늘어나기 때문에 원기둥 모양이라면 끼워서 장식으로 사용이 가능합니다. 그리고 친구 한 명을 선택해서 여러 명이 머리, 발목, 손목에 끼워서 꾸며줄 수 있는 장신구로 활용이 가능합니다. 간단한 방법의 접기 활동 후 다양한 놀이로 활용해 보기 바랍니다.

🔍 주요 제작 과정

상자접기	쏭맹 TV
준비물	
딱풀	
색종이 8장	

상자접기 — 네모서리를 안쪽으로 접는다.

상자접기 — 중간의 접은선으로 양쪽을 접는다.

상자접기 — 왼쪽과 오른쪽 두부분을 펼친다.

상자접기 — 안쪽 대각선 부분을 기준선 삼아 안쪽으로 밀며 접는다.

상자접기 — 위쪽을 세우고 윗부분을 접어 내려 안쪽에 넣는다.

상자접기 1개 완성 — 반대편도 같은 방식으로 접어 세운다.

상자접기 — 같은 방식으로 총 8개를 만든다.

상자 납작하게 만들기 — 상자 밑부분을 천천히 접어 납작하게 만든다.

놀이활용 Tip

1. 정해진 시간 동안 별 장난감 뒤짚기를 가장 많이 한 학생이 이기는 놀이를 할 수 있다.
2. 모둠원끼리 가위바위보를 해서 진 학생을 꾸며주는 활동을 할 수 있다.
   - 머리, 손목, 귀걸이, 머리 위 올려놓기 등 모둠원끼리 협의해서 재미있게 꾸며주는 활동을 할 수 있다.
3. 원기둥 모양의 물건에 넣어 장식으로 활용할 수 있다.
   - 활동 영상을 학생들에게 보여주며 따라 접게 한다.
   - 색종이 8개를 붙여 만드는 장난감으로 충분히 붙인 후 사용한다.
   - 학생들에게 다양한 방법으로 가지고 놀 수 있는 시간을 제공한다.
   - 상자접기 방법을 알려주면 8개를 똑같이 접어야 하기 때문에 충분한 시간을 주고 활동하도록 한다.

놀이 운영 SOS

"활동 중이거나 활동 후 벌칙으로는 뭐가 좋을까요?"

활동 중이거나 활동 후 진 팀이나 술래에게 걸린 학생에게 벌칙을 줘야 하는 경우가 있으시죠? 벌칙을 걸고 활동을 꼭 해야 하는 경우가 있다면 저는 '코끼리 코 10바퀴 돌기'를 시킵니다. 그 다음 라운드는 '코끼리 코 15바퀴 돌기' 등 이렇게 라운드가 거듭 될수록 바퀴수를 올리는 거죠. 그냥 돌라고 하면 재미없으니 10바퀴면 도는 바퀴수를 학생들과 함께 세다가 "8, 9, 10, 10, 10…" 이렇게 10을 계속 말하며, 자연스럽게 학생이 더 돌게 하면 함께 웃으며 즐거운 분위기 속에서 벌칙을 시킬 수 있습니다. 그 밖에 자신의 신체를 활용해 자기 이름 크게 쓰기, 팔벌려 뛰기, 앉고 일어서기, 상대팀 업어주기 등을 하기도 합니다.

이런 벌칙을 수행하는 것은 활동을 조금 더 재미있게 하기 위함과 동시에 가벼운 신체활동을 통해 활동량을 증가시키는 목적이라고 설명해 주면 좋습니다. 그 밖의 방법으로 선생님에 따라 재량껏 학생들과 함께 즐길 수 있는 벌칙(간단한 신체활동)을 함께 정하면 좋습니다.

Part 06

방학 후 엉덩이가 무거워진 아이들을 위한 시간

18

개학 후 어색해진
반 분위기 깨기

(#친교놀이)

하이파이브 가위바위보 놀이

찾아라! 친구 피해라! 폭탄 놀이

하이파이브 가위바위보 놀이

책상 형태 | 책상활용
준비물 | 없음

활동 영상 보러가기

#몫을_올려라 #지금바로_굿 #친교놀이

활동소개

학급 친구들끼리 친하게 지내게 하기 위해서 친교놀이를 해보는 건 어떨까요? 언제 어디서든 쉽게 할 수 있는 놀이로 레벨업 가위바위보 형식을 이용한 놀이입니다. 손가락은 몫을 의미하며, 몫이 같은 학생끼리 만나 하이파이브 가위바위보를 통해 자연스럽게 여러 친구와 하이파이브를 하게 되는 유대감 형성 친교놀이입니다.

🔍 놀이 전 준비

1) 같은 묶인 친구끼리만 가위바위보를 할 수 있다는 것을 이해한다.

📝 놀이방법

1) 손가락 5개를 다 접고 머리 위로 들고 돌아다닌다.
   - 손가락 개수는 자신의 묶(레벨)을 의미한다.
2) 친구를 만나 서로 인사 후 손바닥 하이파이브 2번 후 가위바위보를 한다.
   - 하이파이브 가위바위보 대신 팔벌려 가위바위보로 하면 신체 활동량을 늘릴 수 있다.
3) 진 학생은 손가락 1개를 접는다.
   - 손가락 5개를 다 접은 상태에서 지면 더 이상 접지 않아도 된다.
4) 이긴 학생은 손가락 1개를 편다. (최대 5개까지)
5) 손을 머리 위로 하고 교실을 돌아다니며 같은 손가락 개수인 사람끼리 만나 가위바위보를 할 수 있다.
   - 손가락 개수가 같은 친구가 없으면 선생님과 한다.
6) 손가락을 다 접고 시작해서 가위바위보를 이겨 손가락을 5개 다 펼치면 선생님에게 도전한다.
7) 선생님과 가위바위보를 해서 이기면 1등이 되어 선생님 옆으로 선다.
   - 지면 손가락 5개인 친구를 만나 이기고 선생님께 다시 도전한다.
8) 2등이 되면 선생님과 하이파이브, 1등과 하이파이브하고 1등 옆으로 선다.
   - 같은 방식으로 '선생님, 1등, 2등…' 순으로 하이파이브를 하며 나란히 선다.

활동유의사항

① 양심껏 같은 묶끼리만 가위바위보를 한다.
② 손가락 개수가 같은 친구가 없으면 선생님과 가위바위보를 한다. 선생님과 가위바위보를 해서 지더라도 단계가 떨어지지 않는다.
③ 최대한 많은 친구를 만나며 가위바위보를 한다.

놀이활용 Tip

1. 활동 시간에 따라 가위바위보에서 진 사람은 손가락 접기를 하지 않아도 된다.
2. 수업 자투리 시간에 언제든 활용이 가능하다.
3. 보상자 인원을 활동 시간에 따라 임의대로 정하고 시작한다.

4. 방식을 반대로 해서 손가락을 다 펴고 이기면 접는 방식으로 해도 좋다.
5. '팀조끼 가위바위보' 놀이와 방식이 비슷하기 때문에 서로 연계해서 활용하면 좋다.

팀조끼 가위바위보 놀이

놀이 운영 SOS

"놀이를 많이 하다 보면, 반 분위기가 흐트러질 것 같아요"

저는 반대로 놀이를 많이 시켜주면, 반 분위기가 좋아진다고 생각합니다. 단순히 놀이의 효과가 좋아서가 아니라 놀이를 학급경영에 적절하게 이용하기 때문입니다. 일단 그냥 놀이를 시켜주지 않습니다. 아이들이 아무런 노력도 안 했는데, 갑자기 놀이를 시켜주는 일은 없습니다. 실제 그냥 놀이를 시켜주더라도 말로서 "요즘 여러분의 학습태도가 너무 좋아서!", "요즘 친구들과 서로 배려하고 협력하는 모습이 예뻐서!" 등으로 항상 이유를 얘기하고 그렇기 때문에 놀이를 할 수 있는 것이라고 놀이하는 이유를 이야기합니다.

더 나아가 몇 번 놀이를 하면서 놀이의 재미에 푹 빠진 학생들에게 일주일간 미션을 주고(예를 들면 종치면 1분 안에 자리에 앉아 책 펼쳐놓기, 20명 이상 발표하기 등) 칠판에 'D-5 종치고 앉기' 등으로 적어놓습니다. 그리고 하루하루 미션을 강조하며 조금이라도 노력하고 성장하는 모습을 보인다면, 금요일 창체시간에 교실놀이를 하겠다는 이야기를 합니다. 완벽하지 않아도 조금씩이라도 미션을 위해 노력하는 모습을 꾸준히 보여준다면 금요일에 "여러분의 꾸준한 노력 덕에 이렇게 교실놀이를 하게 되었다."고 이야기해 주세요. 일주일에 한 개씩 더 나은 학급을 위한 미션을 주고 보상으로 놀이를 시켜준다면 나날이 좋아지는 반 분위기를 분명 느낄 수 있습니다.

찾아라! 친구 피해라! 폭탄 놀이

책상 형태 | 책상활용
준비물 | 의자, 종이, 연필, 팀조끼(바톤 역할)

활동 영상 보러가기

#친구이름_활용 #폭탄_피하기 #친교놀이

활동소개

친구의 이름을 활용하여 학급 친구들과 재미있는 시간을 보낼 수 있는 친교놀이입니다. 학급을 절반으로 나눠 팀을 구성한 후 의자에 상대팀 친구의 이름을 임의로 적되 한 개 또는 두 개의 자리에는 폭탄자리를 정합니다. 상대팀이 적은 의자의 친구 이름을 맞히며 하는 놀이로 어디에 있을지 모를 폭탄자리에 앉으면 모두 일어나 다시 놀이를 시작해야 하는 즐거운 활동입니다. 학기 초 친구의 이름을 부르며 서먹서먹한 분위기를 깨보기 바랍니다.

🔍 놀이 전 준비

1) 교실의 책상을 한쪽으로 밀고 팀별로 팀원의 수보다 1개 더 많게 의자를 놓는다.
   - 반 인원을 두 팀으로 나눠 사물함 쪽에 의자를 줄 맞춰 놓는다.
   - 1개 더 놓은 의자는 폭탄자리다. (폭탄을 2개로 하고 싶다면 의자 2개를 놓으면 된다.)
2) 종이에 의자의 위치를 잘 그리고 상대팀이 모르게 상대팀원의 이름을 임의로 의자 위치에 적는다.
3) 남는 한 자리 또는 두 자리에는 폭탄 표시를 한다.

📝 놀이방법

1) 칠판 쪽에 출발선을 만든 후 팀원이 순서대로 줄을 선다.
2) 각 팀의 한 명이 상대팀의 의자 쪽에 종이를 들고 서서 상대팀원이 말한 친구의 이름이 맞는지 확인하는 역할을 한다.
   - 상대팀원이 앉으며 팀원의 이름 "○○○!"을 말하면 종이에 적힌 의자의 위치 이름이 맞는지 틀린지 말한다.
   - 의자 위치의 이름이 맞는다면, "맞아!"라고 말하고, 틀리면 "○○○!" 이렇게 하고 그 의자에 앉으며 "○○○!" 친구의 이름을 말한다.
4) 종이를 들고 있는 상대팀원이 맞는지 여부를 말해주면 다음과 같이 활동한다.
   - 말한 친구의 이름이 맞으면 그 자리에 앉고 다음 주자가 출발한다.
   - 말한 친구의 이름이 틀리면 출발선으로 와서 두 번째 주자와 터치한다.
   - 그 자리의 친구 이름을 잘 기억해 두고 활동에 참여한다.
5) 두 번째 주자는 방금 알게 된 자리에 앉을 수 없으며, 다른 자리로 가서 친구의 이름을 말하며 앉는다.
   - 마지막 남은 자리는 방금 알게 된 자리에 다음 주자가 앉을 수 있다.
6) 같은 방식으로 종이를 들고 있는 상대팀원이 맞는지 여부를 말해주며 활동한다.
7) 만약, 폭탄자리에 앉게 된다면 지금까지 앉아 있는 모든 팀원이 일어나 출발선으로 돌아간다.
   - 처음부터 다시 한 사람씩 친구의 이름을 말하며 앉는다.
8) 폭탄자리는 피하고 의자에 앉으며 올바른 친구 이름을 외우며 활동한다.
9) 먼저 폭탄자리를 빼고 모든 의자에 앉은 팀이 이긴다.

활동유의사항

① 의자에 앉고 친구의 이름을 이야기하면 종이를 든 상대팀원은 빠르게 맞는지 여부를 알려준다.
② 뛰어가서 의자에 앉다가 다치지 않도록 조심한다.
③ 출발선에서 다음 주자와 터치하도록 하며 활동에 집중해서 어느 의자가 어떤 친구의 이름인지 외우며 활동한다.

놀이활용 Tip

1. 활동 중 같은 팀원끼리 의자의 학생 이름이나 폭탄 위치를 서로 공유할 수 있다.
2. 종이를 들고 상대팀원의 자리를 알려주는 친구는 평소 야무진 학생을 시키도록 한다.
   - 틀리게 알려주거나 시간을 끌며 알려주게 되면 활동이 원활하게 되지 않는다.
3. 평소 친구의 이름을 모르는 친구도 자연스럽게 이름을 알 수 있게 된다.
4. 학기 초나 친구사랑의 날, 틈새시간을 이용해 활용할 수 있다.

19

방학 후 엉덩이 무거운 아이들을 위한 신나는 놀이

(#신체놀이)

우산 & 팀조끼 표적 놀이

팀조끼 농구형 놀이

우산 & 팀조끼 표적 놀이

활동영상 보러가기

책상 형태 | **책상밀기**

준비물 | **팀조끼(많이), 우산 6개, 의자 18개**

> #표적도전_놀이 #우산_체육용품 #Rain_OK

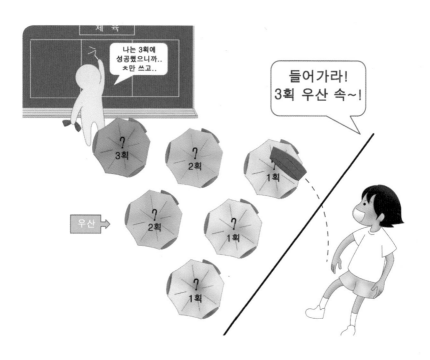

활동소개

교실 구석에 있는 우산을 체육용품으로 활용하면 어떨까요? 우산을 펼쳐 뒤집어 놓으면 좋은 표적이 됩니다. 이 표적에 팀조끼를 던져 넣는 활동은 교실에서도 안전하게 표적 도전을 할 수 있습니다. 출발선과 표적과의 거리에 따라 1점, 2점, 3점의 점수를 부여하고 자신이 목표한 점수를 만들기 위해 남은 도전 횟수와 점수를 계산해야 하는 재미있는 놀이입니다. 또한, 점수가 아닌 획수로 바꿔서 먼저 정해진 단어를 쓰는 팀별 경쟁활동도 가능한 놀이입니다.

활동의 실제

🔍 놀이 전 준비

1) 교실에서 책상은 옆으로 밀고 의자 3개씩 6세트를 원형으로 놓는다.
2) 의자 위로 우산 6개를 칠판 앞으로 펼쳐서 놓는다.
   - 우산의 크기는 최대한 비슷한 것으로 한다.
   - 가장 큰 우산(3점)은 칠판 앞에 놓는다.
3) 우산은 출발선과 가깝게 3개, 2개, 1개 순으로 설치한다.
4) 출발선과 가까운 순서대로 1점, 2점, 3점의 표적이 된다.
   - 본 놀이 전 출발선에서 자신이 원하는 표적에 팀조끼를 던져 넣는 연습을 한다.
5) 팀조끼를 던지기 전 팀조끼를 뭉쳐서 던지도록 한다.
6) 모든 학생이 돌아가며 팀조끼 넣는 연습을 충분히 한다.

📝 놀이방법

1) 출발선에 5~7명이 한 사람당 팀조끼 5개씩 들고 선다.
2) 5개의 팀조끼를 던져 표적의 총 점수가 7점이 되도록 한다.
   - 팀조끼가 우산에 절반 이상 걸린 경우는 성공으로 인정한다.
3) 한 모둠이 던진 팀조끼를 수거해서 다음 모둠에게 준다.
4) 다음 모둠의 학생은 5번의 기회로 7점 만들기에 도전한다.
5) 개인별 활동 후 팀 경쟁활동을 진행한다.
6) 우산은 출발선과 가까운 순서대로 1점은 1획, 2점은 2획, 3점은 3획으로 한다.
7) 칠판을 팀 수만큼 나눈 후 정답 글자를 써 놓는다.
   예) 놀이체육
8) 팀원이 돌아가며 팀조끼를 던져 우산에 넣고, 우산의 획수만큼 칠판에 글씨를 적는다.
   - 획수는 가로나 세로, 동그라미 한 번 긋는 것이 획수 한 번이다.
   예) 놀 : 9획
9) 먼저 정답 글자를 완성한 팀이 이긴다.

활동유의사항

① 팀조끼를 던질 때는 집중하여 신중하게 도전하도록 한다.
② 팀조끼를 던지는 학생은 근처 학생과 부딪히지 않도록 한다.
③ 자신이 던진 팀조끼는 자신이 수거하여 다음 학생에게 주도록 한다.
   - 팀 경쟁활동 시 몇 명의 도우미 학생이 우산 사이에서 팀조끼를 주워주는 역할

을 해도 좋다.

④ 팀 경쟁활동 전 다 함께 획수에 따라 정답 글자를 쓰는 연습을 한다.

놀이활용 Tip

1. 6학년 표적도전활동의 수행평가로 활용해도 좋다.

2. 팀 경쟁으로 4명 1팀으로 해서 5번씩 던져 31점(점수 재량) 만들기도 가능하다.

3. 우산의 개수와 거리, 개인 도전 횟수와 점수는 재량으로 정한다.

　　예) 7회 도전, 11점 만들기 등

4. 팀조끼를 던지기 전 팀조끼를 뭉쳐서 던지는 연습을 하면 우산에 들어갈 확률이 높아진다.

5. 비 오는 날 체육을 나가서 못하는 경우 교실에 있는 우산의 빗물을 털고 활용해도 좋다.

팀조끼 농구형 놀이

책상 형태 | 책상밀기
준비물 | 팀조끼 20개, 우산 4개, 종 또는 휘슬, 의자 24개

활동 영상 보러가기

#팀조끼_집중! #교실에서_농구를 #낚아채기_꿀잼

활동소개

교실에서 농구를 하기에는 어려움이 많죠? 우산을 활용해서 골대를 만들고 실내공간에서도 안전하게 던지고 받고 넣을 수 있는 팀조끼를 공처럼 활용한 농구형 놀이는 어떤가요? 책상을 밀고 각 모서리에 우산을 펼쳐 골대를 만들고 두 팀이 서로 섞여 앉아 팀조끼를 패스하여 상대팀 골대에 팀조끼를 넣는 팀 전략놀이입니다. 우산 앞에 최종수비수 3명이 있어 우산에 넣으려는 팀조끼를 낚아채어 자기 팀에게 패스하며, 각자 위치에 따라 역할을 충실히 해야 하는 재미있는 놀이입니다.

활동의 실제

🔍 놀이 전 준비

1) 책상을 칠판 쪽으로 밀고 코너마다 의자 3개를 놓고 그 위로 골대 역할을 할 우산을 펼쳐둔다.

2) 우산은 팀조끼가 들어가는 골대가 되며 각 모서리마다 총 4세트를 설치한다.

3) 대각선끼리 같은 편 골대가 된다.

4) 놀이 전 팀조끼 5개씩 우산 밑 의자 사이에 두며 경기 중 선생님의 신호(종소리)에 따라 팀 조끼 1개씩 빼며 활동한다.

5) 우산 앞으로 최종수비수용 의자 3개를 놓고 그 앞으로 최종수비수가 앉는다.

6) 두 팀으로 나눈 후 한 팀만 팀조끼를 입고 A팀, B팀이 섞여 앉는다.

📝 놀이방법

1) 선생님은 종이나 휘슬을 가지고 한쪽에 앉고, 선생님의 신호에 따라 최종수비수는 의자 밑 팀조끼 1개를 빼며 놀이를 시작한다.

2) 같은 팀원에게 팀조끼를 던져 패스하며 상대팀 골대에 팀조끼를 넣는다.
   - 상대팀의 팀조끼의 패스를 낚아채서 공격할 수 있다.
   - 팀원과 협력하여 빠른 패스로 우산에 팀조끼를 넣는다.
   - 상대팀 우산에 팀조끼 넣기를 시도하기 위해서는 한 번 이상의 패스 후 넣을 수 있다.

3) 팀조끼를 잡기 전에는 앉은 채로 움직일 수 있지만 팀조끼를 잡으면 자리에서 움직일 수 없다.
   - 엉덩이를 떼고 무리한 수비를 하면 파울이며 공격권이 넘어간다.

4) 최종수비수는 손을 뻗어 공격팀이 넣으려고 하는 팀조끼를 낚아채서 막는다.
   - 슛이 우산에 들어가지 않으면 최종수비수가 팀조끼를 가져와서 팀원에게 패스한다.

5) 팀조끼가 우산에 절반 이상 걸치면 골로 인정한다.

6) 팀조끼 4개가 모두 골 처리가 되면 선생님은 종을 치며, 최종수비수가 우산 아래에서 팀조끼를 꺼내 활동을 재개한다.
   - 팀조끼 개수가 부족하면 방금 사용한 팀조끼 4개를 꺼내 점수 계산 후 다시 활동에 사용한다.

7) 각 코너당 팀조끼 4개가 끝날 때까지 활동한다. 4개가 모두 골처리가 되면 종을 쳐서 다음 팀조끼 4개로 활동을 재개한다.

8) 골인된 팀조끼의 개수를 세어 다득점한 팀이 이긴다.

활동유의사항

① 바닥에서 엉덩이를 떼고 활동하면 안 된다.

② 무리한 수비를 해서 다치는 학생이 없도록 사전에 주의시킨다.

놀이활용 Tip

1. 초기 팀조끼 제공 개수는 우산마다 5개 이상으로 재량껏 정한다.
2. 엉덩이가 바닥에서 떨어지거나 몸으로 밀치는 무리한 수비를 하는 경우 경고 후 1분간 퇴장을 시킨다.
3. 슛 넣기 시도 전 패스 횟수를 1회~2회 이상으로 실시한다.
4. 라운드마다 최종수비수의 역할을 돌아가며 한다.
5. 팀조끼 개수가 많지 않다면 한 팀만 팀조끼를 입고 활동에 필요한 팀조끼는 4개를 사용 후 점수를 계산하고 다시 4개를 꺼내 사용한다. 이렇게 사용할 시 반 학급 인원의 절반+4개의 팀조끼가 필요하다.

20

얘들아!
2학기도 단합하자!

(#친교놀이)

협동 철인 3종 경기

손바닥 탁구 협력 놀이

협동 철인 3종 경기

책상 형태 | **책상밀기**
준비물 | **훌라후프 6개**

활동 영상 보러가기

#협동 #철인 #단합

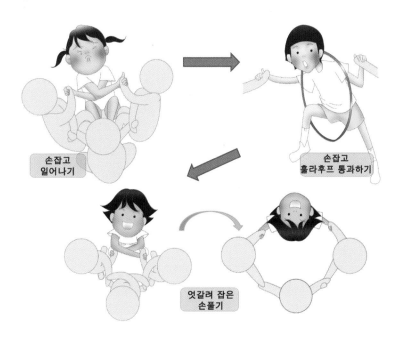

손잡고
일어나기

손잡고
훌라후프 통과하기

엇갈려 잡은
손풀기

활동소개

방학이 끝나고 2학기가 시작되면 왠지 아이들도 서먹서먹하고 단합심도 모래성처럼 와르르 무너지기 쉽습니다. 그래서 학기 초만큼이나 2학기 초 교실 세우기도 중요합니다. 놀이를 통해 아이들이 즐겁게 단합심도 기르고 서로 서먹한 기운도 한방에 날려버릴 수 있는 놀이! 바로 '협동 철인 3종 경기'입니다

179

활동의 실제 ─────────────────────────────

🔍 놀이 전 준비
1) 책상을 최대한 가장자리로 밀어 가운데 공간을 가능한 넓게 확보한다.
2) 모둠별로 바닥에 앉는다.

📝 놀이방법

첫 번째 경기 : '손잡고 일어서기'

1) 먼저 짝끼리 마주보고 앉은 상태에서 나의 오른손은 짝의 왼손, 나의 왼손은 짝의 오른손을 잡고 양발을 붙인 상태에서 서로 당기는 힘을 이용해 일어선다.
2) 성공하면 4명(같은 모둠)이 만나 두 손을 서로 잡고 양발을 붙인 상태에서 일어서기에 도전한다.
   - 3명 이상이 할 때는 손을 X자로 엇갈려 놓은 상태에서 옆 친구의 손을 잡고 도전한다.
3) 모둠원 중 성공하지 못한 친구가 있다면 뒤에서 살짝 들어주는 등의 도움을 준다.
   - 이 놀이는 '협동' 철인 3종 경기임을 강조한다.
4) 모둠원 4~5명이 합쳐 성공했다면 성공한 다른 모둠과 합쳐 최대 8~10명에 도전한다.
   - 전체 인원으로도 도전해볼 수 있다.
   - 인원이 많을 때는 대형 변화가 필요하다. 대형은 학생들의 아이디어로 변형해서 도전해 본다.

두 번째 경기 : '훌라후프 넘기기'

1) 모둠원 중 한 명의 어깨에 훌라후프를 걸고 모둠원들이 손을 잡아 원형을 만든다.
2) 손을 쓰지 못하기 때문에 전신을 이용해 훌라후프를 넘는다. 한 바퀴를 돌면 다시 반대로 한 바퀴를 돌아 총 두 바퀴를 돌면 성공이다.
3) 성공하면 다른 모둠과 합쳐 최대 10명에 도전한다.
   - 전체 인원으로도 도전해볼 수 있다.

마지막 경기 : '손 풀기 놀이'

1) 오른손은 손바닥이 위를 향하게 든다. 그 위에 왼손 손바닥은 아래를 향하게 하여 X자로 든다. 이 상태로 친구의 손을 잡는다.
2) X자로 엇갈려 잡은 손을 바로 풀기 위해 어떻게 해야 할지를 생각하며 몸으로 직접 풀어본다.
3) 첫 번째 경기와 마찬가지로 '두 명 - 네 명 - 다른 모둠 순'으로 도전해본다.
   - 전체 인원으로도 도전해볼 수 있다.

활동유의사항

① '손잡고 일어서기'는 엉덩이를 바닥에 붙인 상태에서 한다.

② 잘 못하는 친구는 잘하는 친구와 붙여 성공률을 높인다.

③ '손 풀기 놀이'를 처음하면 요령을 몰라 어려워할 수 있다. 하지만 인내심을 가지고 아이들을 믿고 기다려준다. 결국 아이들은 성공하는 기쁨을 맛볼 수 있다.

놀이활용 Tip

1. 타이머로 협동 철인 3종 경기를 완료한 시간을 잰다. 그리고 다음번 경기를 할 때 신기록 경신에 도전하면 더욱 재미있게 즐길 수 있다.

2. '훌라후프 넘기기'는 훌라후프를 2개, 3개 늘려서 할 수도 있다.

3. 다른 협동놀이를 추가해서 5종 경기도 가능하다. 예를 들어 '기준 세워 줄 세우기'(생년월일, 학교까지 걸리는 시간, 이름 가나다라로 줄서기)나 '신문지 반씩 접으며 모둠원 모두 신문지에 올라가기' 등이 있다.

손바닥 탁구 협력 놀이

책상 형태 | **책상활용**
준비물 | **책상(네트 역할), 탁구공 3개, 타이머**

활동 영상 보라가기

#탁구채_손바닥 #네트_책상 #탁구공_3개만

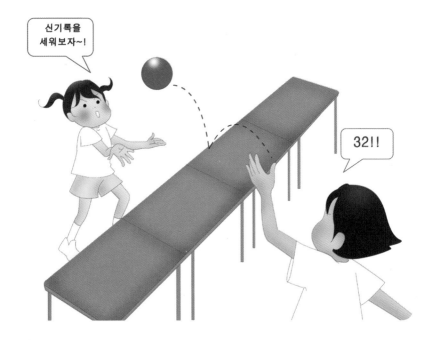

활동소개

손바닥으로 탁구공을 쳐서 네트인 책상을 넘기며 카운팅을 늘리는 협력놀이입니다. 탁구공을 치는 상대가 같은 팀으로 서로 경쟁이 아닌 협력을 해야 하기 때문에 최대한 탁구공을 잘 쳐서 넘겨야 하는 활동입니다. 탁구공 3개만 있다면 언제든 적용 가능한 교실놀이입니다.

🔍 놀이 전 준비

1) 교실의 책상을 한쪽으로 밀고 중앙에 책상을 한 줄로 놓는다. (네트 역할)
2) 본 놀이하기 전 연습을 실시한다.
   - 손바닥으로 탁구공을 치며 손에 감각을 익힌다.
   - 여러 명이 좁은 교실에서 한꺼번에 연습 활동을 한다면 다치므로 한 모둠씩 돌아가며 연습을 실시한다.

📝 놀이방법

1) 책상 3개~4개당 한 팀의 2명~3명씩 중앙에 책상을 기준으로 나누어 들어간다.
   - 각 팀의 영역을 책상 개수로 정확하게 구분한다.
2) 서브 시 상대 영역에 공을 잘 던진다.
3) 바닥에서 원바운딩이 된 탁구공을 손바닥으로 쳐서 상대 영역에 보낸다.
4) 책상 위(네트 역할)에서 여러 번 바운딩되는 것은 괜찮다.
5) 상대 영역에서 바운딩 후 손바닥으로 탁구공을 쳐서 넘기는 회수를 함께 센다.
6) 다음의 경우는 카운팅에서 제외한다.
   - 상대 영역에서 온 공을 바로 친 경우
   - 공이 벽에나 다른 물체에 맞은 경우
   - 공이 손이 아닌 신체에 맞은 경우
   - 다른 팀 영역으로 탁구공이 간 경우
7) 서로 마주 본 친구들이 경쟁할 상대가 아닌 같은 팀원인 만큼 서로 협력해서 최대한 좋게 공을 잘 넘긴다.
8) 일정한 시간(5분) 후 성공한 개수가 가장 많은 팀이 이긴다.

활동유의사항 ─────────────────────────────────

① 상대팀으로 탁구공이 간 경우 무리하게 치지 않고 공을 잡아서 다시 활동을 시작한다.
② 벽이나 책상에 걸려 넘어지지 않도록 안전하게 활동한다.

놀이활용 Tip

1. 탁구공을 손바닥으로 쳐서 넘길 수 있는 손 감각을 살릴 수 있게 연습시간을 가진다.

2. 한 시간 협력활동을 하였다면 다음 시간에는 두 팀으로 나눠 서로 경쟁활동을 해도 좋다.
   - 책상을 사이에 두고 서로 마주 본 상태로 상대가 실수하면 1득점하는 형식으로 경쟁활동을 한다.

3. 본 활동의 취지가 협력활동이므로 활동 중간이나 후 우리 팀이 이기기 위해서는 나에게 온 탁구공을 어떻게 쳐야 하는지에 대해 서로 생각해 볼 시간을 갖는다.

21

푸른 하늘 아래 건강한 신체 만들기 프로젝트

(#신체놀이)

순발력 3종 경기

다리 찢어 의자 뺏기 놀이

순발력 3종 경기

책상 형태 | **책상활용**
준비물 | **뽕망치 1개(풍선으로 대체 가능)**

활동 영상 보러가기

#순발력 #꿀잼 #몰입

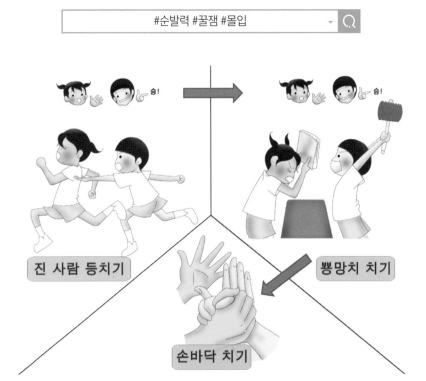

진 사람 등치기

뽕망치 치기

손바닥 치기

활동소개

전혀 예상할 수가 없기에 스릴 있고 웃기기까지 한 놀이! '순발력 3종 경기'가 여기 있습니다. 단순히 재미만 있는 것이 아니라 선생님의 특별한 개입 없이도 끊임없이 순환되는 구조이기 때문에 진행이 용이하고 준비물도 뽕망치(풍선) 1개로 간편합니다. 이 놀이는 어른이 해도 정말 재미있습니다. 아이들과 함께 순발력 왕에 도전해보세요!

놀이 전 준비

1) 책상을 2분단으로 만든다.
   - 3분단으로 되어 있는 경우 가운데 분단을 둘로 나누어 1분단과 3분단 쪽으로 붙여준다.
2) 책상의 앞, 뒤 간격과 벽 쪽 공간은 넉넉하게 하여 아이들이 지나다닐 수 있도록 하고 두 분단 사이에 책상 한 개를 놓는다. 책상 위에는 뿅망치와 무겁지 않은 책을 놓는다.
   - 뿅망치가 없는 경우 풍선으로 대체할 수 있다. 바구니에 풍선을 담아 책상 위에 책과 함께 놓는다.
3) 칠판 앞에 의자 4개를 놓는다.

놀이방법

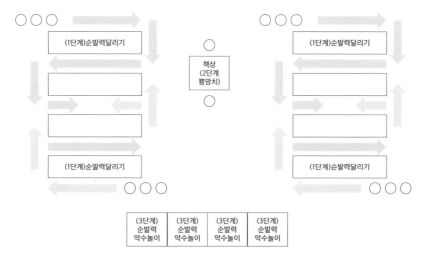

1) 네 팀으로 나누어 각각 그림과 같은 위치에 줄을 선다.
2) 첫 번째 경기는 각 분단에서 이루어지는 순발력 달리기이다. 양쪽에서 출발한 서로 다른 팀의 두 명이 만나 가위바위보를 하고, 이긴 학생은 진 사람의 등을 터치하면 승리! 진 사람은 이긴 사람이 터치하기 전에 시작한 자리로 도망가면 승리하는 놀이이다.
3) 첫 번째 경기에서 승리한 학생은 가운데 있는 책상 앞으로 가 두 번째 경기를 시작한다.
4) 두 번째 경기는 뿅망치 대결을 한다. 대결 상대와 가위바위보를 하고, 이긴 사람은 뿅망치로 상대방의 머리를 때리면 승리! 진 사람은 뿅망치로 맞기 전에 책으로 막으면 승리하는 놀이이다.
5) 두 번째 경기까지 승리하면 칠판 앞에 놓여 있는 의자에 앉는다.
6) 칠판 앞의 의자에 4명이 모두 앉으면 그 다음 학생은 앉은 학생 중 한 명과 세 번째 경기인

순발력 악수놀이를 한다.

7. 세 번째 경기는 서로 악수하듯이 손을 잡는다. 가위바위보를 하고 이긴 학생은 진 학생의 손등을 치면 승리 또는 진 학생은 손등을 맞기 전에 손으로 막으면 승리하는 놀이이다.

8. 경기 중 진 학생은 다시 처음 있던 줄의 맨 뒤로 간다.

9. 미리 맞춰둔 타이머의 시간이 끝나는 순간 의자에 앉은 4명의 학생이 순발력 왕이 된다.

활동유의사항

① 첫 번째 경기에서 책상을 넘어 터치하는 것은 무효이다. 상대의 등을 손으로 쳐야만 승리로 인정된다.

② 세 번째 경기에서 의자에 앉아 있는 학생들이 도전자를 거부하거나 싫은 표정을 지으면 경고를 받는다.

③ 세 번째 경기에서 의자에 앉아 있는 학생들이 도전자와 경기를 해서 졌을 때에는 원래 자신의 줄이 아닌 가장 줄이 길지 않은 곳으로 이동한다.

놀이활용 Tip

순발력 3종 경기 대형에서 즐길 수 있는 퓨전 전통놀이! - **'달팽이 놀이'**

1. 순발력 3종 경기의 대형과 같이 책상을 2분단으로 만든다. 책상의 앞, 뒤 간격과 벽 쪽 공간은 아이들이 충분히 지나다닐 수 있도록 넉넉하게 한다.

2. 칠판 앞에 의자 4개를 놓는다.

3. 순발력 3종 경기 놀이 방법 1번과 같이 네 팀으로 나누어 각각 자신의 위치에 서 있는다.

〈달팽이놀이〉

4. 양쪽에서 출발한 서로 다른 팀의 두 명이 만나 가위바위보를 하고 이긴 학생은 계속 상대 팀으로 달려간다. 진 사람은 방해되지 않도록 재빨리 피하고 자신의 줄 맨 뒤로 간다. 진 팀의 다음 사람은 자신의 팀으로 오고 있는 상대팀을 막기 위해 재빨리 출발한다.

5. 4번의 과정을 반복하다 상대팀의 처음 시작 지점에 도달하면 승리이며, 칠판 앞에 놓여 있는 의자로 간다.

6. 시작 지점에 위치한 책상이 도착 지점의 기준이 된다.

7. 빈 의자라면 그냥 앉고 의자에 사람이 있다면 가위바위보 대결을 통해 이긴 사람이 자리를 차지한다.

8. 가위바위보에서 진 사람은 다시 자신이 서 있던 줄의 맨 뒤로 간다.

9. 미리 맞춰둔 타이머의 시간이 끝나는 순간 의자에 앉아 있는 4명의 학생이 승리자가 된다.

놀이 운영 SOS

"놀이를 하다 보면 목에 핏줄을 세우며 심판인 저에게 대드는 학생이 있습니다. 어떻게 하면 좋을까요?"

선생님의 판정에 불만을 갖는 경우가 종종 있습니다. 조용히 넘어가는 경우도 있지만 승부욕이 많거나 자기주장이 세며 힘이 강한 학생들은 판정에 불만을 강하게 표현합니다. 평소 선생님이 편하고 부드럽게 학생들의 의견을 받아주는 경향일수록 판정에 대한 이의제기를 스스럼없이 하는 경우가 있는데요. 이런 경우가 바로 선생님과 학생의 기싸움이지 않을까 생각합니다. 이렇게 대드는 학생의 반응에 휘둘리기 시작하면 학급운영은 좀처럼 쉽지 않을 것입니다.

그래서 저는 엄격할 때는 엄격하게 학생을 대합니다. 만약 선생님의 판정이 정말 오심이더라도 너의 표현은 선생님에게 인격적인 모욕을 주고 있다며 강하게 말합니다. 불만을 제기하더라도 예의를 지켜서 말하도록 지도합니다. "선생님, 아웃 아니라구요."라고 큰소리로 이야기할 것이 아니라 "선생님, 저는 방금 공에 안 닿아서 아웃이 아닌 것 같습니다."라고 최대한 공손하게 말하라고 지도합니다. 그렇게 말하지 않는다면 너의 어떤 주장도 선생님은 무시할 것이라고 엄격하게 말합니다.

애초에 이렇게 말하는 학생이 생기지 않도록 평소 학급운영을 할 때 '예의'를 가장 중요시 여깁니다. 선을 넘으며 예의 없이 행동하는 학생에게는 "선생님은 예의를 지키지 않는 학생은 학생으로 대우하지 않습니다." 또는 "선생님은 너희들에게 친구처럼 친근한 사람이고 싶지 친구가 아닙니다."라는 말도 자주 합니다.

학생의 입장에서 선생님의 판정 기준이 너무 엄격하면 안 됩니다. 국제 스포츠 심판인 것처럼 정확하게 볼 때도 필요하겠지만 상황에 따라 편한 분위기 속에서 웃으며 어느 정도 융통성을 발휘하며 판정을 하는 것이 선생님과 학생 모두 행복한 놀이시간이 되는 길이라 생각합니다.

다리 찢어 의자 뺏기 놀이

책상 형태 | **책상활용**
준비물 | **의자 9개, 팀조끼, 타이머**

활동 영상 보러가기

#유연성_놀이 #의자뺏기 #빙고놀이

활동소개

두 팀으로 나눠 칠판 벽과 사물함 벽에 붙어 서서 술래에게 가위바위보를 이기면 한 발을 찢을 수 있고, 지거나 비기면 그 자리에서 허리를 숙여 손끝을 바닥에 닿아야 하는 유연성 놀이입니다. 중앙에 있는 의자에 발끝이 닿으면 차지할 수 있어 최대한 다리를 찢어서 많은 의자를 차지해야 합니다. 가위바위보를 해서 상대팀의 의자를 뺏을 수 있으며, 지면 한 발 뒤로 물러서야 합니다. 즐거운 가위바위보와 함께하는 다리 찢기로 의자 많이 차지하기, 빙고 놀이 2가지 놀이를 즐겨보기 바랍니다.

🔍 놀이 전 준비

1) 교실의 책상을 한쪽으로 밀고 두 팀으로 나눠 팀조끼 1장씩 입는다.

- 한 팀만 팀조끼를 입으면 수월하게 팀 구분이 가능하다.

2) 교실 중앙에 의자를 가로 3줄, 세로 3줄로 놓는다.

- 인원이 많다면 가로 4줄, 세로 4줄로 놓고 해도 좋다.

📝 놀이방법

방식 1. 의자 많이 차지하기

1) 한 팀은 칠판 벽에, 한 팀은 사물함 쪽 벽에 붙어 선다.

2) 교실 중앙에 술래 1명과 전체가 가위바위보를 한다.

3) 술래에게 이기면 다리를 찢어 한 발 앞으로 나간다.

4) 술래에게 비기거나 지면 제자리에서 손끝을 바닥에 3초 동안 닿게 한다.

5) 술래에게 이기며 앞으로 나가 발끝이 의자에 닿으면 의자에 앉을 수 있다.

- 상대팀 의자에 앉기 위해 일부러 의자에 안 앉아도 된다.

6) 상대팀이 의자에 앉아 있는 경우 다리를 찢어 발끝으로 의자를 닿았다면 상대팀과 가위바위보를 한다.

- 한 번에 한 명만 가위바위보를 할 수 있다.

- 상대팀 2명이 발끝에 의자를 닿은 경우 2명 중 1명만 가위바위보에 도전한다.

7) 가위바위보를 해서 이긴 학생이 의자를 차지하며 진 학생은 한 발 뒤로 물러선다.

- 져서 한 발 뒤로 물러선 경우 다른 의자에 앉을 수 없다.

8) 정해진 가위바위보 판수(10판) 후 의자에 많이 앉아 있는 팀이 이긴다.

방식 2. 빙고 놀이

1) 같은 방식으로 놀이를 진행한다.

2) 의자 가로 3개, 세로 3개에 빙고 2줄을 먼저 만드는 팀이 이긴다.

- 빙고를 만들기 위해 어디 의자를 차지할지 팀과 협의하며 활동한다.

- 빙고는 가로, 세로, 대각선 중 2줄을 먼저 만든다.

활동유의사항

① 다리를 찢어 한 발이 나갈 때 미끄러지듯이 나가는 것은 반칙이다.

② 의자에 빨리 앉기 위해 조금씩 앞으로 나가는 것도 반칙이다.

③ 좁은 공간에서 다리 찢기를 할 때 상대의 움직임을 보고 조심히 활동한다.

놀이활용 Tip

1. 의자 많이 차지하기 놀이를 할 때 가위바위보 판수를 10판보다 많이 해도 좋다.
   - 시간제로 일정한 시간 후 의자를 많이 차지한 팀이 이기는 것으로 해도 좋다.
2. 빙고놀이를 할 때 학급 인원이 많다면 의자를 4×4로 놓고 하면 좋다.
   - 칠판 벽과 사물함 벽에서 출발할 때 인원이 많아 비좁다면 절반의 인원이 1차로 출발하고 나머지 절반 인원이 2차로 출발한다.
3. 교실이 사물함과 칠판의 길이보다 복도 쪽 창문과 벽 쪽 창문의 길이가 더 길다면 긴 쪽으로 경기장을 설치한다.
4. 빙고놀이를 할 때 의자를 4×4로 놓고 한다면 2줄 빙고가 아닌 3줄, 4줄로 해도 좋다.

22

움직여라!
그럼 배울 것이다

(#교과·학습)

동서남북 학습놀이

보물찾기 학습놀이

동서남북 학습놀이

책상 형태 | 학습형태
준비물 | 학습지

활동 영상 보러가기

#동서남북_색종이접기 #랜덤_점수제 #상호_협력

활동소개

동서남북 색종이 접어 노는 방법을 아시죠? 요즘 학생들은 동서남북 놀이를 잘 모릅니다. 간단하게 색종이를 접어 놀 수가 있는 동서남북 놀이를 학습과 연계해서 만든 놀이입니다. 학습지를 나눠주고 동서남북 색종이를 접은 후 학습 주제와 핵심단어를 적고 동서남북 놀이를 하며 친구들과 상호 협력해서 점수를 쌓는 놀이입니다. 선생님의 개입 없이 학생 스스로 배운 단어를 서로 설명하고 맞히며 즐겁게 학습할 수 있습니다.

🔍 놀이 전 준비

1) 동서남북 색종이 접는 방법과 활동 방법을 익힌다.

　예) 동쪽, 3번 : 동서남북 종이를 가로, 세로 순으로 3번 펼친 후 동쪽의 핵심단어를 설명한다.

2) 학습한 차시나 단원을 복습하며 핵심단어나 문장을 설명하는 연습을 한다.

3) 활동 주제 4글자를 동서남북 칸에 적고 핵심단어 칸에 핵심단어나 문장을 적어 1점×4칸, 2점×3칸, 3점×1칸에 맞춰 점수를 쓴다.

✏️ 놀이방법

1) 동서남북 색종이를 들고 친구를 만나 가위바위보를 한다.

2) 가위바위보에서 이긴 친구가 진 친구에게, 예를 들어 "동쪽 3번!"을 말하면 진 친구가 3번 동서남북 종이를 가로, 세로, 가로 순으로 펼친 후 동쪽의 핵심단어를 설명한다.

　- 직접적인 설명이나 힌트를 주는 것은 반칙이다.

3) 이긴 친구가 두 번 이내에 답을 맞히면 이긴 친구가 진 친구에게 핵심단어를 설명한다.

　- 답을 못 맞히면 서로 헤어져 다른 친구를 만나 활동한다.

4) 같은 방식으로 가위바위보에서 진 친구가 이긴 친구에게 방향과 횟수를 말하면 그만큼 움직인 후 해당하는 핵심단어를 설명한다.

5) 핵심단어를 못 맞히면 바로 헤어진다.

6) 두 명 모두 답을 맞힌 경우 해당 칸의 점수를 얻는다.

　- 칸마다의 점수는 미리 적어 놓은 점수이며, 1점×4칸, 2점×3칸, 3점×1칸으로 되어 있다.

7) 일정한 시간 동안 여러 명의 친구를 만나 서로 정답을 맞히며 점수를 쌓고, 가장 많이 점수를 쌓은 친구가 우승한다.

활동유의사항 ──────────────────────────────

① 활동에서 승리에 집중하기보다는 모든 학생이 재미있게 활동에 참여하며 자연스럽게 학습할 수 있는 분위기를 만든다.

② 직접적으로 힌트를 주거나 답을 알려주면 절대 안 된다고 사전에 지도한다.

놀이활용 Tip

1. 핵심단어를 학습한 내용 중에서 적게 하고, 자신이 말이나 몸으로 설명할 수 있게 활동 전 충분히 학습할 수 있는 시간을 가진다.
2. 핵심단어뿐만 아니라 핵심문장을 이용해도 좋다.
3. 국어 또는 사회 단원의 차시나 단원 정리 활동으로 좋다.
4. 도덕 수업의 역할극 상황이나 미션 수행을 적고 활동해도 좋다.

<동서남북 학습지>

보물찾기 학습놀이

책상 형태 | 학습형태
준비물 | 종이, 연필, 가위, 타이머

활동 영상 보러가기

#보물찾기 #핵심단어+문장 #보물같은_학습놀이

활동소개

어릴 적 보물찾기하며 즐거웠던 경험을 떠올려 보물찾기와 학습을 조합해서 만든 놀이입니다. 차시 또는 단원 정리용으로 활동하기 좋습니다. 준비물이 거의 필요 없으며 보물을 숨기고 찾는 데 5분 정도의 시간만 투자한다면 학습은 저절로 따라오는 신통방통한 놀이입니다. 공부에만 지쳐가는 학생들에게 달콤함 보물 같은 놀이 한번 시켜보는 건 어떨까요?

활동의 실제

🔍 놀이 전 준비

1) 4명~6명씩 모둠별로 붙어서 앉는다.
2) 학습한 차시나 단원을 복습하며 모둠원에게 핵심단어나 문장을 설명하는 연습을 한다.
3) 핵심단어나 문장을 종이에 모둠당 6개~10개씩 적는다.

✏️ 놀이방법

1) 모둠별로 적은 핵심단어나 문장 종이를 2번 정도 접어서 선생님께 제출한다.
2) 모든 학생은 눈을 감고 엎드린다.
3) 선생님은 다음의 장소를 피해서 종이를 숨긴다.
   - 거울, 선생님 책상, 학생 개인 사물함, 깨지기 쉬운 학습 물품, 식물 근처 등
4) 종이를 모두 숨긴 뒤 학생들에게 숨기지 않은 장소를 다시 한 번 언급하고 보물(종이)찾기를 시작한다.
5) 정해진 시간(2분) 동안 교실에 있는 물건을 조심히 다루며 보물을 찾는다.
6) 보물 1개를 찾으면 1개를 모둠에 놓고 다시 보물찾기를 한다.
   - 한 명이 여러 개의 보물을 찾지 않도록 하기 위해서 모둠에 놓고 오기를 실시하고, 1인당 찾을 수 있는 보물의 개수를 정해놓고 시작한다.
   - 1개의 보물을 두 명이 동시에 찾았다면 가위바위보로 이긴 학생이 가져간다.
7) 정해진 시간이 흐른 뒤 찾은 보물의 개수로 1차 점수를 매긴다.
   - 1개당 10점으로 한다.
8) 찾은 핵심단어나 문장을 모둠에서 한 명씩 돌아가며 모둠원에게 설명한다.
   - 설명할 때 직접적인 설명은 반칙이며 말이나 행동으로 배운 내용을 생각하며 설명한다.
9) 모둠원이 돌아가며 설명하는데 설명을 못 하거나 답이 계속 틀리면 그 종이는 포기하고 다음 차례로 넘어간다.
10) 정해진 시간(3분) 후 맞힌 종이의 개수를 세서 최종 점수를 매긴다.
   - 1개당 20점으로 하며 1차 점수와 합산해 다득점한 팀이 우승한다.

활동유의사항

① 보물을 찾을 때 물건을 조심하게 다루며 활동하도록 한다.
② 배운 내용을 복습하며 핵심단어나 핵심문장을 잘 선택해 종이에 적도록 한다.
③ 보물을 설명할 때 직접적인 설명이나 답을 보여주는 행위는 절대 하지 않도록 한다.

놀이활용 Tip

1. 활동이 어느 정도 익숙해지면 보물 숨기는 역할을 학생이 해도 좋다.
   – 단, 피해야 할 숨길 장소를 정해준다.
2. 모둠이 서로 협력해서 문제를 내고 맞힐 수 있도록 분위기를 조성한다.
3. 학습한 차시나 단원의 내용을 보고 모둠당 적어내는 종이의 개수를 재량껏 정한다.
4. '가위바위보 학습놀이' 후 사용한 핵심단어 종이를 활용해도 좋다.

가위바위보 학습놀이

놀이 운영 SOS

"교과서에 없는데 놀이를 언제 하나요?"

결론만 이야기하면 초등 교육과정의 성취 기준에 모든 놀이를 적용시킬 수 있습니다. 교과서는 하나의 참고자료일 뿐 선생님이 추구하고 학생이 도달해야 할 점은 교육과정의 목표와 성취 기준이라는 것은 명확합니다. 따라서 교과서에 없는 활동이라도 성취 기준에 부합한다면 언제든지 다른 활동으로 대체할 수 있으며, 모든 놀이도 각각의 성취 기준에 맞게 응용할 수 있습니다.

또한 교과가 아니더라도 인성교육으로서 놀이를 늘 활용할 수 있습니다. 놀이를 하며 생기는 다양한 상황을 인성교육에 접목시키며 도덕과목에서 요구하는 성취 기준을 교과서만큼, 아니 그 이상으로 달성할 수 있습니다.

Part 07

천고마비인데
난 왜 힘들지?

23

학예회 시즌, 아이들의 표현력 신장 놀이

(#신체놀이)

인싸 아싸 찾기 놀이

상하체 합체 놀이

인싸 아싸 찾기 놀이

책상 형태 | **학습형태**
준비물 | **없음**

활동영상 보러가기

#발성_up! #댄스_up! #교실이_댄스장으로? ▾ Q

활동소개

어색한 가창시간! 뻔하고 지루한 감상시간! 선생님들을 진땀나게 하는 음악시간을 최고의 시간으로 바꿀 수 있는 놀이 두 가지를 소개합니다. 아이들의 발성 능력이 향상되고 표현 능력을 마음껏 표출할 수 있으며 감상 능력까지 함양할 수 있습니다. 실패 확률 0%라고 자신 있게 말씀드릴 수 있습니다.

활동의 실제

🔍 놀이 전 준비
1) 음악시간에 배운 노래 한 곡을 선곡하면 끝!

✍ 놀이방법

방법 1. 아싸 찾기
1) 음악시간에 배운 노래를 한 곡 정한다.
2) 술래를 한 명 정한다.
3) 술래는 교실 밖으로 잠시 나간다.
4) 아싸를 한 명 정한다.
5) 노래가 시작되면 술래는 교실로 들어오고 나머지 학생들은 노래를 시작한다.
6) 술래가 아싸로부터 멀어질수록 노래를 작게 부르고, 아싸에게 가까워질수록 노래를 크게 부릅니다.
7) 아싸는 립싱크를 하며 노래 부르는 흉내만 낸다.
8) 노래가 다 끝나기 전에 술래는 아싸를 지목해야 한다.

방법 2. 인싸 찾기
1) 음악시간에 배운 노래를 한 곡 정한다.
   - 가창곡뿐만 아니라 감상곡도 가능하다.
2) 술래를 2명 정한다.
3) 술래는 교실 밖으로 잠시 나간다.
4) 희망자로 인싸 1명을 뽑는다.
5) 노래가 시작되면 인싸가 추는 춤을 모두가 따라 한다.
   - 인싸를 대놓고 보지 않는다.
6) 인싸는 한 노래에 동작을 최소 3개 이상 한다.
7) 술래는 인싸가 누군지 노래가 끝난 후 맞힌다.

활동유의사항

① 아싸 찾기를 할 때 아이들이 목소리 크기 조절하는 것을 어려워할 수 있다. 술래가 인싸와 가까울 때와 멀 때 낼 수 있는 목소리 크기를 놀이 전에 가볍게 연습해 본다.

② 아싸 찾기를 할 때 고개를 숙여 친구들에게 귀를 가까이 대며 돌아다니는 술래가 있다. 허리를 펴고 오직 친구들이 불러주는 노래 소리를 듣고 아싸를 찾도록 지도한다.

③ 인싸 찾기를 할 때 인싸는 제자리에서 할 수도 있지만 자유롭게 돌아다닐 수도 있다. 다만 뛰는 것은 금지한다.

놀이활용 Tip

1. 기본 교실 대형에서 놀이를 해도 재미있으나 다양한 대형에서 놀이를 하는 것도 좋다. 모둠 대형이나 원 대형에서 진행해보면 같은 놀이지만 느낌이 새롭고 다른 재미요소들이 발견된다.

2. 감상수업은 보통 감상곡을 듣고 몸이나 그림으로 표현하는 것을 주로 한다. 아이들에게 감상수업이란 재미없는 시간이었을 것이다. 인싸 찾기는 가창수업뿐만 아니라 감상수업에도 유용하다. 감상곡을 이용해 인싸 찾기를 해보자. 놀이 덕분에 적극적인 감상이 가능해지면서 학생들의 감상 능력과 표현 능력은 물론이고 공감 능력, 적극성 등의 부수적인 효과까지 향상될 수 있다.

상하체 합체 놀이

책상 형태 | 책상밀기
준비물 | 없음

활동 영상 보러가기

#준비놀이 #자유분방놀이 #이게뭐야_따라놀이

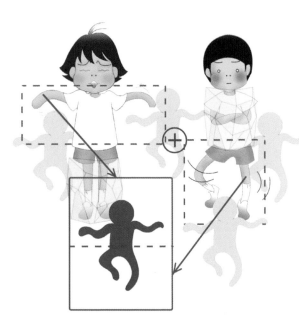

활동소개

준비물 없이 어디서든 바로 가능한 재미있는 놀이를 소개합니다. 사람을 따라 하는 거울놀이 형태의 놀이로 술래 2명 각각의 상체와 하체의 움직임을 합쳐서 따라 하는 놀이입니다. 교실에 끼 많고 평소 까불대는 친구들이 술래를 하면 정말 창의적인 움직임이 나와 학생들이 웃으면서 따라 합니다. 교실에서 한 번에 30초 정도씩, 총 5분 정도 가볍게 준비운동식으로 시켜 보기 바랍니다.

활동의 실제

🔖 놀이 전 준비

1) 교실의 책상을 한쪽으로 밀고 학생들이 원형으로 선다.

📝 놀이방법

1) 술래 2명을 선정해서 원의 가운데로 들어와 선다.

2) 술래 2명이 가위바위보를 해서 이긴 학생이 상체와 하체 중에 선택한다.

3) 상체를 선택한 학생은 하체를 움직이지 않고 상체만 움직인다.

4) 하체를 선택한 학생은 팔짱을 낀 상태에서 하체만 움직인다.

　- 움직일 때는 5초마다 다른 동작으로 바꾸며 해야 활동이 재미있다.

5) 원에 서 있는 학생들은 술래의 상체와 하체를 합쳐서 최대한 똑같이 따라한다.

6) 30초 정도 활동 후 술래가 다음 술래를 정해 활동을 이어나간다.

7) 총 5분 정도 활동하면 충분한 운동량이 된다.

　- 본 활동이 아닌 준비운동으로도 좋다.

활동유의사항

① 술래를 따라 하면서 옆 친구를 치지 않도록 조심한다.

② 원형으로 했을 때 공간이 좁다면 원형이 아닌 간격을 잘 조절해 줄을 서서 술래를 따라 한다.

놀이활용 Tip

1. 술래는 최대한 큰 동작으로 움직이며 5초마다 다른 동작을 한다.

2. 술래를 모두가 원할 때 가장 열심히 따라 한 학생을 술래를 시키겠다고 하면 더욱 열심히 한다.

3. 술래를 별로 원하지 않을 때 가장 열심히 안 따라 한 학생을 술래를 시키겠다고 하면 열심히 하려고 노력한다.

4. 교실놀이 전 준비운동이나 틈새시간을 이용해 활동하면 좋다.

5. 장소에 구애 받지 않고 어디서든 활용이 가능하다.

24

한가위, 퓨전 전통 놀이

(#신체놀이)

미션! 무궁화꽃이 피었습니다

가위바위보 씨름 5종 놀이

미션! 무궁화꽃이 피었습니다

책상 형태 | **학습형태**
준비물 | **없음**

활동 영상 보러가기

#창의력 #체력훈련 #무궁화꽃이피었습니다. 🔍

활동소개 ─────────

모두가 숨죽여 술래의 말에 집중하고, 술래에게 들킬까 마음 졸이며 서로가 하나 됨도 느낄 수 있는 '무궁화 꽃이 피었습니다' 놀이를 어렸을 때 친구들과 하던 추억이 있을 겁니다. 하지만 이 놀이는 유일한 단점이 있습니다. 바로 넓은 공간이 필요하다는 것입니다. 그래서 '미션! 무궁화 꽃이 피었습니다'는 좁은 교실에서 할 수 있도록 만들어졌습니다. 체력 훈련과 재미 모두를 잡은 이 놀이를 통해 아이들에게 전통 놀이의 새로운 매력을 느끼게 해주세요.

활동의 실제

🔍 놀이 전 준비

1) 대형은 변경하지 않는다. 아이들은 제자리에서 운동했을 때 옆 사람과 부딪히지 않을 정도로만 서 있는다.

📝 놀이방법

1) 최초 술래를 정하고 술래는 칠판 앞에 친구들을 보고 서 있는다.
2) 선생님은 체력 운동을 하나 정한다.
   예) 팔벌려 뛰기 20회, 박수 50번
3) 술래는 손으로 눈을 가렸다가 떼며 "무궁화 꽃이 피었습니다!"를 외친다.
   - 친구들이 체력 운동이나 미션을 할 수 있도록 말하는 빠르기를 조절하여 말한다.
4) 술래가 외치는 동안에 나머지 아이들은 정확한 동작으로 체력 운동을 하고, 술래의 말이 끝나면 행동을 멈춘다.
5) 술래는 중간에 한 번씩 띄엄띄엄 미션을 넣는다. 예를 들어, 술래가 "빙글빙글 꽃이 피었습니다!"를 외치면 학생들은 제자리에서 빙글빙글 돌아야 한다.
   예) 댄스 꽃(춤추기), 화장실 꽃(화장실에서 하는 행동하기), 느림보 꽃(느리게 행동하기), 발레리나 꽃(발레리나처럼 우아한 행동하기), 앉은뱅이 꽃(제자리 앉기), 할미 꽃(할아버지, 할머니 흉내내기), 안마 꽃(안마하기), 스파이더맨 꽃(술래가 10초를 셀 동안 가까운 벽에 달라붙기), 전국노래자랑 꽃(술래가 10초를 셀 동안 춤추며 전국노래자랑 테마곡 부르기)
6) 미션을 하지 못하거나 술래의 말이 끝났을 때 움직여 술래에게 이름을 불린 학생은 다시 체력 운동 ○ 회부터 시작한다.
7) 정해진 체력 운동을 다 한 학생은 술래가 안 볼 때 종이나 술래의 등을 친다.
   - 종이나 등을 친 학생이 다음 판의 술래가 된다.
8) 다음 놀이를 시작할 때에는 맨 앞줄에 있던 학생 모두 맨 뒷줄로 이동하고 나머지 줄 학생들은 한 칸씩 앞으로 이동합니다. (맨 앞줄이 유리하기 때문에)

활동유의사항

① 계속 미션만 말하거나 말을 너무 빨리 하는 술래가 있을 경우, 친구들이 체력 운동할 시간이 없기 때문에 미션은 중간에 한 번씩 말하고 말하는 속도를 조절한다.
② 자신의 친한 친구들은 지적하지 않는 술래에게는 양심과 정직이 필요하다고 강조한다.
③ 목소리가 작은 술래에게는 친구들이 체력 운동을 하면서 술래의 말을 들어야하

기 때문에 술래는 친구들을 배려해서 큰 목소리로 말해야 한다고 강조한다.

④ 빨리 술래가 되고 싶어서 체력 운동을 대충하는 아이에게는 정직의 덕목이 필요하다. 선생님이 처음에 대충하는 학생 몇 명을 지적하고 ○회로 만들어 버리면 대충 하는 아이들은 점점 사라진다.

⑤ 체력 운동을 다 하지도 않았는데 점점 술래에게 가까이 오는 아이에게는 규칙을 지키지 않았으므로 ○회부터 다시 시작하도록 한다.

놀이활용 Tip

1. 체력 운동으로 팔벌려 뛰기와 같은 체력을 많이 필요로 하는 운동을 하면 여기저기서 그만하고 싶다고 하는 아이들이 생긴다. 이렇게 되면 선생님 입장에서는 굉장히 당황스러워진다. 체력 운동으로 적당히 몸을 풀었다 생각이 들면 박수 50번이나 제자리 뛰기와 같이 덜 부담스러운 운동으로 바꾸어 준다. 자신의 장점 20개 쓰기, 수학 문제 10개 만들기 등 인성교육이나 학습놀이로도 변형시킬 수 있다.

2. 미션도 각 반의 상황에 맞게 추가하거나 바꾸어준다. 선생님이 모든 것을 결정하려고 하지 말고 아이들에게 맡기는 것도 좋다. 놀이 시작 전 아이들에게 미션을 추천받으면 창의적이고 재미있는 미션들이 나온다.

3. 친구들이 미션을 하는 모습을 보는 것은 이 놀이의 또 다른 재미이다. 처음 놀이 규칙을 설명할 때 선생님이 미션을 표현하면서 망가지는 모습을 보여주는 것이 가장 확실한 방법이지만 부끄럽다면 미션을 재미있게 표현하는 아이에게 칭찬을 해준다. 친구들의 웃긴 모습을 보고 소극적으로 활동하던 아이들도 점점 적극적으로 참여하게 된다.

4. 이 활동을 하는 이유를 정확히 설명해야 한다. "체력 운동을 할 수 있는 방법은 굉장히 많지만 체력 운동을 재미있게 하기 위하여 이 놀이를 하는 것이다. 양심을 속이고 활동하는 아이가 있다면 앞으로 이런 재미있는 활동은 없을 것이다!"와 같이 말하면 선생님의 단호한 모습에 학생들은 자신의 양심을 어길 수 없을 것이다. 그래도 불안하다면 아이들을 유심히 관찰한다. 반칙하는 아이들을 몇 번 잡아내고 엄격한 모습을 보인다면 아이들은 선생님이 보고 있다는 생각에 규칙을 지킬 수밖에 없다.

가위바위보 씨름 5종 놀이

책상 형태 | **책상활용**

준비물 | **책상과 의자(경기장 설치), 타이머**

활동 영상 보러가기

#가위바위보_종목선택권 #책걸상_활용 #씨름_종합선물세트

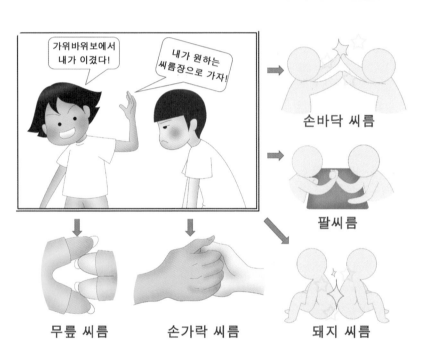

활동소개

실내에서 할 수 있는 씨름의 종류가 많죠? 모두 묶어서 해보는 건 어떨까요? 씨름의 종류는 무릎씨름, 팔씨름, 손가락씨름, 손뼉씨름, 돼지씨름입니다. 가위바위보를 이긴 학생이 종목을 선택, 해당 종목의 씨름을 해서 이긴 학생 2점, 진 학생은 1점을 얻는 놀이입니다. 최종 누적 점수로 우승자를 가리는 놀이로 상대를 달리하여 반의 모든 학생과 한 번씩 각 종목의 놀이를 할 수 있어 좋습니다. 가위바위보를 연속으로 이길 시 같은 종목을 연속해서 할 수는 없게 하여 다양한 종목을 치르게 합니다.

212

활동의 실제

🔍 놀이 전 준비

1) 책상과 의자를 활용해 다음과 같이 놀이장을 준비한다.
    - 무릎씨름 : 의자를 마주보게 2쌍을 놓는다.
    - 팔씨름 : 책상과 의자를 마주보게 2쌍을 놓는다.
    - 손가락씨름 : 책상과 의자를 마주보게 2쌍을 놓는다.
    - 손뼉씨름 : 중앙에 넓게 하여 공간을 비워둔다.
    - 돼지씨름 : 한쪽 구석에 공간을 비워둔다.
    - 가위바위보 장소 : 한쪽에 공간을 비워둔다.

📝 놀이방법

1) 모두 가위바위보 장소에 모인 후 동성끼리 가위바위보를 한다.
2) 이긴 학생이 원하는 장소로 친구를 데려간다.
3) 해당하는 종목의 씨름을 실시한다.
4) 종목의 씨름을 하는 방법은 다음과 같다.
    - 무릎씨름 : 수비 학생은 주먹을 무릎 사이에 넣고, 공격 학생은 수비 학생의 무릎 바깥쪽에 무릎을 댄 후 시작과 함께 주먹을 뺀다. 공격은 수비 학생의 무릎을 안쪽으로 밀고 수비 학생은 버티며 바깥쪽으로 힘을 주는 활동으로 수비 무릎이 붙으면 공격 승, 공격 무릎이 벌어지면 수비가 이기는 활동이다. 수비와 공격을 번갈아 한 번씩 실시하며 무승부 시 가위바위보로 승패를 결정한다.
    - 팔씨름 : 손을 세워 서로 잡고 시작과 함께 상대 손을 넘기는 활동이다. 상대의 손등을 책상에 닿게 하면 이기고, 시간이 지나도 승부가 안 날 시 처음보다 더 넘긴 학생이 이긴다. 오른손, 왼손 한 번씩 승부를 내며 무승부 시 가위바위보로 승패를 결정한다.
    - 손가락씨름 : 손을 세워 엄지를 뺀 나머지 손을 잡고 엄지로 상대의 엄지를 3초 이상 누르면 이기는 활동이다. 책상에 붙인 팔꿈치가 떨어지면 지며 오른손, 왼손 한 번씩 승부를 내며 무승부 시 가위바위보로 승패를 결정한다.
    - 손뼉씨름 : 서로 손바닥을 밀쳐 발이 떨어지게 하거나 자신의 신체에 손이 닿으면 이기는 활동이다. 발은 붙이고 손바닥을 밀치는 것처럼 하다가 손을 피해도 된다. 오랜 시간 승부가 안 날 시 가위바위보로 승패를 결정한다.
    - 돼지씨름 : 바닥에 앉아 자신의 발목을 손으로 엇갈리게 잡은 후 발로 상대의 발을 잡아 넘겨 등이 바닥에 닿게 하면 이기는 활동이다. 발목을 잡은 손이 풀어져도 진다. 오랜 시간 승부가 안 날 시 가위바위보로 승패를 결정한다.
5) 각 놀이장에 학생이 꽉 차 있으면 대기하며 심판을 본다.
6) 승패가 결정되면 이긴 학생은 2점, 진 학생은 1점을 얻는다.

7) 놀이가 끝난 학생은 가위바위보 장소로 간다.

8) 다른 친구와 만나 가위바위보를 하며 활동하고 일정한 시간 후 다득점한 학생이 우승한다.

활동유의사항

① 자신의 포인트를 양심껏 계산하도록 지도한다.

② 학급의 모든 친구와 한 번씩 돌아가며 활동한다.

③ 몸 접촉이 있는 놀이가 있으니 동성끼리 활동을 하게 한다.

④ 놀이 전 각 씨름의 규칙 및 승패 구조에 대해 이해를 시키며 연습을 실시한다.

⑤ 활동 중인 친구와 부딪칠 수 있기 때문에 조심히 이동한다.

놀이활용 Tip

1. 각 씨름별 규칙 이해 및 연습시간을 가진다.

2. 가위바위보 대신 묵찌빠나 하나빼기 가위바위보를 해도 좋다.

3. 씨름 종류는 선생님 재량으로 입씨름(구구단을 외자!)을 넣어도 재미있다.

25

만들고 놀며 즐기는
추석 미술

(#조작놀이)

비비비빅뿡

육각 종이접기 & 윷놀이

비비비빅뽕

책상 형태 | **학습형태**
준비물 | **단면색종이, 풀, 색연필(사인펜)**

활동 영상 보러가기

#한가위 #소원성취 #비비면_뽕 　　　▾ 🔍

활동소개 ────────────

미술도 재미있는 놀이처럼 활용할 수 있습니다. '비비비빅뽕'은 이름 그대로 비비면 뽕하고 종이가 나오는 꿀잼 미술 콘텐츠입니다. 다양한 교과, 계기교육, 기념일 등에 활용할 수 있습니다.

(도안파일은 블로그 https://blog.naver.com/ljh6969-꿀잼미술목록에서 다운받으세요.)

활동의 실제

🔍 주요 제작 과정

단면색종이의 흰색면이 위로 가게
반으로 접었다 펼칩니다.

접힌 선이 십자가 되도록
또 반으로 접었다 펼칩니다.

이번엔 색깔면이 위로 오게
삼각형으로 반을 접었다 펼칩니다.

역시 접힌 선이 십자가 되도록
또 삼각형으로 접었다 펼칩니다.

사진과 같이 방석접기를 하고
다시 펼칩니다.

사진과 같이 접습니다.

사진과 같이 접습니다.

올려접은 부분을 안으로 넣습니다.
(뒤집어서도 안으로 넣습니다.)

좌우 두 꼭짓점들을 그림과 같이
안으로 집어 넣습니다.

접힌 삼각형 부분을 모두 풀로
붙입니다.(총4번)

뒤집은 후 중심으로 올려 접었다가
펼칩니다.

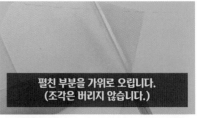

펼친 부분을 가위로 오립니다.
(조각은 버리지 않습니다.)

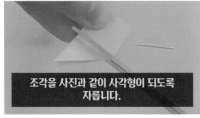

조각을 사진과 같이 사각형이 되도록
자릅니다.

몸통과 조각을 꾸미고
아랫 부분에 조각을 끼워넣습니다.

아랫부분을 잡고 비비면 뿅~

놀이활용 Tip

1. 추석, 설날, 연말, 연초에 활용 가능하다. 보름달에 소원을 빌면(손을 비비면) 원하는 선물이
   나오는 형태로 명절에 활용할 수 있고, 태양에게 소원을 빌면 이루고 싶은 소원이 나오는
   새해 목표 형식으로도 활용할 수 있다.
2. 색종이 크기를 바꾸어도 재미있다. 거대한 색종이로 만들면 표현할 수 있는 영역이 넓어
   지기 때문에 더 자세한 표현이 가능하다.
3. 개인별, 팀별 대결을 통해 가장 빨리 조각을 밀어내는 사람이 이기는 방식으로 놀이를 해
   도 재미있다.

육각 종이접기 & 윷놀이

책상 형태 | 학습형태

준비물 | 색종이, 풀

활동 영상 보러가기

#전통놀이 #윷놀이 #연필꽂이

#연필꽂이 #전통놀이

육각종이접기+윷놀이

활동소개

명절에 하는 대표적인 전통놀이로 윷놀이가 있죠. 색종이로 육각 종이접기를 통해 윷을 만들어 윷놀이를 해보는 건 어떨까요? 육각 종이접기는 윷놀이뿐만 아니라 연필꽂이, 이름판, 주사위로도 활용이 가능합니다. 육각 종이접기 방법을 잘 익혀 다양한 활동에 활용해보기 바랍니다.

활동의 실제

🔍 주요 제작 과정

삼각기둥 접기 · 준비물 (한팔꽃이 만들 때 필요) · 색종이 6장

삼각기둥 접기 · 다른쪽도 절반을 접고 펼친다.

삼각기둥 접기 · 다른쪽도 절반을 안쪽으로 접고 펼친다.

삼각기둥 접기 · 16개의 작은 정사각형 중 모서리 부분을 안쪽으로 접는다.

삼각기둥 접기 · 접힌선을 따라 안쪽으로 접는다.

삼각기둥 접기 · 뒤집은 후 중앙의 접힌선으로 안쪽으로 접는다.

삼각기둥 접기 · 한쪽 끝부분을 다른쪽 끝부분에 천천히 밀어 넣는다.

삼각기둥 접기 · 삼각기둥 1개 완성 · 한쪽 끝부분을 다른쪽 끝부분에 천천히 밀어 넣는다.

삼각기둥 접기 · 같은 방법으로 총 6개의 삼각기둥을 접어서 집는다.

육각기둥 만들기 · 풀칠한 부분을 잘 붙을 수 있도록 눌러주며 모양을 잡는다.

한쪽 모서리를 접은선에 맞춰 접는다.

서로 만나게 접기

아래쪽 모서리를 접어 올린다.

위쪽 모서리를 안쪽으로 접는다.

가운데 선으로 양쪽 모서리를 안쪽으로 접는다.

접히는 부분을 풀칠한다.

풀이 잘 붙도록 손으로 눌러준다.
(하루정도 책을 올려놓으면 잘 붙는다.)

놀이활용 Tip

1. 육각 종이접기에 숫자 1~6을 쓴 후 윷놀이를 즐길 수 있다.
   - 윷놀이판 학습지를 인쇄해서 활용한다.
   - 평소 주사위 대신해서 사용할 수 있다.
2. 만든 육각 종이접기를 연필꽂이로 활용할 수 있다.
3. 큰 종이로 육각 종이접기 방법을 이용해 접어 이름판을 만들 수 있다.
   - 활동 영상을 학생들에게 보여주며 따라 접게 한다.
   - 접는 방법이 같아서 1개를 접을 줄 알면 나머지도 접을 수 있어 선생님의 개입이 필요
     없다.
   - 색종이 6개를 붙여 만든 것으로 충분히 붙인 후 사용한다.
   - 서로 자유롭게 이야기하며 즐겁게 만든 후 활동한다.

<육각 종이접기로 즐기는 윷놀이판>

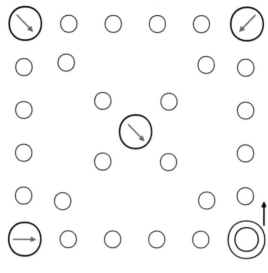

<놀이방법>

1	2	3	4	5	6
도	개	걸	윷(한번 더)	모(한번 더)	빽 도
한 칸 앞으로	두 칸 앞으로	세 칸 앞으로	네 칸 앞으로	다섯 칸 앞으로	한 칸 뒤로

※학습지는 '쏭쌤의 놀이를 적용한 주간체육수업'(네이버 밴드)에 있습니다.

Part 08

흐트러진 집중력을
다시 키우는 시간

26

멈추라고 할 때까지 한다!
진정한 자기주도적 몰입 놀이

(#신체놀이)

삼국 교실 피구

팀조끼 가위바위보 놀이

삼국 교실 피구

책상 형태 | 책상활용
준비물 | 피구공

활동 영상 보러가기

#교실피구 #전성기 #선호도1위!

활동소개

지금까지 수많은 교실놀이를 했지만 아이들이 가장 즐거워했던 놀이는 단연 교실 피구입니다. 아무리 새로운 놀이를 개발해서 선보여도 교실 피구를 따라갈 수는 없었습니다. 그리고 교실 피구 시리즈 중에서도 가장 인기 많았던 놀이는 바로 '삼국 교실 피구'입니다. 백문이 불여일견! 지금 바로 소개합니다.

활동의 실제 ────────────────────────────

🔍 놀이 전 준비

1) 세 팀으로 나누고 칠판에서 봤을 때 삼각형의 꼭짓점 위치에 각 팀의 대형을 만든다.

2) 뽑기 프로그램을 이용하여 각 팀의 왕을 뽑는다.

3) 같은 팀원들의 능력과 전략을 생각하며 원하는 자리에 자유롭게 앉는다.

📝 놀이방법

1) 준비가 끝나면 피구를 시작한다.

2) 공을 잡은 사람은 자신의 팀을 제외한 나머지 두 팀 중 한 쪽을 선택해 공을 던진다.

3) 공에 맞은 학생(수비수)은 자신의 팀 앞에 서서 팔을 휘저으며 상대팀의 공격을 방어할 수 있다.

4) 다만, 공격은 못 하며 한 번 서 있는 자리에서 이동도 못 한다.

5) 공이 바닥에 떨어진 경우 주워서 자기 팀에 줄 수는 있다.

　- 이때 배려의 마음으로 공을 많이 던져보지 못한 학생들에게 공을 준다.

6) 수비수는 자신의 팀이 공격할 때 몸을 낮춰주고 상대팀이 공격을 할 때는 일어서서 방어한다.

7) 아웃되지 않은 나머지 학생들은 오직 앉아서만 공을 던질 수 있다.

　- 엉덩이를 의자에서 떼면 반칙이다.

8) 각 팀의 왕은 공에 맞아도 아웃되지 않지만 대신 공을 던질 수 없다.

9) 자기 팀이 땅볼 없이 한 번에 공을 잡으면 먼저 아웃된 학생부터 다시 자리에 앉을 수 있다.

　- 의자에 앉아 있는 학생, 수비수 모두 해당한다.

10) 선생님은 중간중간 1~3의 숫자가 나오는 뽑기 프로그램을 쓴다. 뽑힌 팀은 전성기를 맞이한다.

11) 전성기를 맞이한 팀은 전성기 시간인 2분 동안 모두 제자리에서 일어나 피구를 한다. 전성기가 끝나면 다시 의자에 앉는다.

12) 왕을 제외한 모든 팀원이 아웃되었을 때 왕도 공에 맞으면 아웃된다.

13) 왕까지 모두 아웃된 팀은 왕을 아웃시킨 팀으로 통일되어 다시 살아나 의자에 앉는다.
  - 이제부터 2 vs 1의 구조가 된다.

14) 두 팀 중 상대팀을 모두 아웃시키고 삼국통일을 한 팀이 나오면 놀이가 종료된다.

활동유의사항

① 두 팀이 동맹하여 한 팀을 이기고자 선동하는 것은 금지한다.

② 창문에 우드락을 세워 유리창이 깨지는 사고를 방지한다.

③ 시간 내에 경기가 끝나지 않으면 무승부로 끝내고 다음에 승부를 가리는 것이 좋다.

놀이활용 Tip

1. 놀이 방법을 변형할 수도 있다. 수비수가 일어서서 방어할 경우 방어율이 높기 때문에 수비 위주의 놀이로 진행된다.

2. 공격 위주의 놀이를 원하면 수비수들에게 앉아서 방어하도록 한다. 마찬가지로 한 번 앉은 자리에서 이동은 불가능하고 팔을 휘저으며 방어를 한다.

팀조끼 가위바위보 놀이

책상 형태 | **책상밀기**
준비물 | **팀조끼(1인당 1장)**

활동 영상 보러가기

#쏭쌤_팀조끼 #입지말고_놀아요 #레벨업_가위바위보

활동소개

'쏭쌤 팀조끼'는 몸에 어디든 착용할 수 있는 장점이 있습니다. 이러한 장점을 활용해서 단계별로 팀조끼를 거는 신체 위치를 달리한 레벨업 가위바위보 놀이입니다. 같은 단계끼리 모여 가위바위보를 한 후 이기면 다음 단계로 올라가고 지면 아래 단계로 떨어지며, 최종 단계에서 선생님을 이기면 우승자가 되는 놀이입니다.

228

활동의 실제

🔍놀이 전 준비

1) 교실의 책상을 한쪽으로 밀고 학생 1명당 팀조끼 1장씩을 준다.

2) 각 단계별로 팀조끼를 착용하도록 사전에 연습한다.

- 1단계 : 발목, 2단계 : 무릎, 3단계 : 허리, 4단계 : 어깨, 5단계 : 머리 위

📝 놀이방법

1) 처음에는 모든 학생이 팀조끼를 발목에 착용한다.

2) 친구를 만나 인사한 후 하이파이브 가위바위보를 한다.

3) 가위바위보를 이기면 다음 단계로 내려가고 지면 아래 단계로 떨어진다.

- 처음 단계인 발목 단계는 아래 단계로 내려가지 않는다.

4) 다음은 각 단계별로 팀조끼를 입는 신체 부위이다. 해당하는 단계에 맞게 신체 부위에 팀조끼를 걸친다.

- 1단계 : 발목, 2단계 : 무릎, 3단계 : 허리, 4단계 : 어깨, 5단계 : 머리 위

5) 같은 단계의 학생이 없는 경우 선생님께 가서 가위바위보를 할 수 있다.

- 선생님과 가위바위보를 해서 지더라도 아래 단계로 떨어지지 않는다.

6) 5단계인 머리 위에 팀조끼를 올리고 5단계끼리 만나 가위바위보를 한 후 이기면 선생님께 도전할 수 있다.

7) 도전해서 이기면 우승자가 되며, 다음으로 도전하는 학생은 우승자와 가위바위보를 한다.

- 도전해서 지면 다시 머리 위의 팀조끼 학생을 만나 가위바위보를 해서 이기고 와야 한다.

- 선생님을 이기면 선생님과 하이파이브 후 선생님 옆으로 1등, 2등, 3등 순으로 서도 좋다.

활동유의사항

① 단계에 맞게 팀조끼를 신체에 잘 착용해야 한다.

② 같은 단계의 학생끼리만 가위바위보를 할 수 있다.

놀이활용 Tip

1. 가위바위보를 한 후 진 학생은 아래 단계로 떨어지지 않고 그대로 유지하며 활동해도 좋다.

- 활동시간이 짧아진다.

2. 가위바위보를 한 후 진 학생은 처음 단계인 1단계로 떨어지게 활동해도 좋다.

- 활동시간이 길어진다.
3. 쏭쌤 팀조끼가 없을 경우 손가락으로 단계를 표시하며 활동할 수 있다.
  - '하이파이브 가위바위보' 놀이와 방식이 같다.
4. 칠판에 단계를 적어 놓고 활용하면 좋다.

쏭쌤 팀조끼?

활동 영상 보러가기

기존 팀조끼
- ➕ 활동시간이 긴 스포츠 경기에 적합
- ➕ 번호 마킹으로 개인 구별 가능
- ➖ 착용 시 시간이 오래 걸리고 불편함
- ➖ 앞,뒤 / 안,밖의 구분이 있음

쏭쌤 팀조끼
- ➕ 간단하고 빠른 착용
- ➕ 체형에 상관없이 누구나 착용 가능
- ➕ 활동 시간이 짧은 수업 시간에 적합
- ➕ 보관 집게를 활용한 편리한 보관과 관리
- ➕ 앞,뒤 / 안,밖의 구분이 없음
- ➖ 번호 마킹이 없어 개인 구별 어려움

1. 누구나 쉽고 빠르게 입고 벗을 수 있습니다.
   → 일반 팀조끼는 앞과 뒤, 안쪽과 바깥쪽이 구분되어 있어 입기 불편하지만 쏭쌤 팀조끼
   는 띠 형태라서 입고 벗기 편합니다.

2. 보관 및 관리가 편합니다.
   → 기존 팀조끼보다 부피가 작고 단순한 형태라서 세탁하기 쉽고, 보관할 때도 보관 집게에
   걸어만 주면 끝. 팀조끼를 나눠주고 걷을 때에 선생님께서 고리만 잡고 있으면 학생들이
   쉽게 분배 및 취합이 가능합니다.

3. 다양한 형태로 변형이 가능해 다용도로 사용할 수 있습니다.
   → 천으로 되어 있어 사용하기 안전하며, 다양한 놀이(45+@개)에 활용할 수 있습니다.

27

두근두근,
설레는 놀이
(#신체놀이)

스피드 폴짝 피구

스파이를 찾아라

스피드 폴짝 피구

책상 형태 | 책상활용
준비물 | 피구공 2~3개

활동영상 보러가기

#교실피구 #폴짝 #키가_쑥쑥!

활동소개

'스피드 폴짝 피구'는 교실에서 할 수 있는 가장 활발한 활동 중 하나입니다. 아이들이 실컷 움직이면서 즐길 수 있는 스릴 넘치는 놀이입니다. 정해진 구역 안에서 공을 굴리며 경기하기 때문에 안전합니다. 1분마다 공이 추가되어 긴장감은 더해지며 최후로 남은 학생에게 쏠리는 스포트라이트는 아이들의 내적 동기 유발에 최고입니다.

활동의 실제

🔍 놀이 전 준비

1) 책상을 최대한 가장자리로 밀어 가운데 공간을 가능한 넓게 확보한다.
2) 공격팀과 수비팀을 정하고, 공격팀은 원을 크게 만들고 바닥에 앉는다.
3) 수비팀은 원 안에 들어간다.

📝 놀이방법

1) 타이머를 3분에 맞추고 공격팀은 공 한 개를 가지고 있다.
2) 공격팀은 공을 굴려 수비팀을 맞힌다.
   - 바닥에서 뜬 공은 무효이며, 공은 꼭 굴린다.
3) 공에 닿은 수비는 경기장 밖으로 나가서 앉아 있다.
4) 1분이 지나면 공을 한 개 추가한다.
5) 또 1분이 지나면 공 한 개를 더 추가한다.
   - 공은 최대 3개이다.
6) 수비팀이 한 명도 남아있지 않을 경우에는 모두 아웃시킨 시간을 확인하고, 3분이 끝난 경우에는 남은 인원을 확인한다.
7) 공격과 수비 역할을 바꾼다.
8) 1~6번의 과정으로 놀이를 한 후 최종 승리팀을 결정한다.

활동유의사항

① 어느 공놀이든 마찬가지겠지만 계속 자신한테 패스해 달라는 학생들, 소심하게 공을 바로 옆에 건네주는 학생들이 있다. 이런 행동은 반칙이다.

② 패스해 달라는 얘기를 들은 학생 중 일부는 패스 안 하고, 내가 못하면 비난받을까 두려워 자기도 모르게 공격할 생각은 못하고 패스만 하게 된다. 진정 게임을 즐길 수 없게 되는 분위기가 된다. 모두가 다 같이 하는 놀이이기 때문에 자신에게 공이 자주 안 오는 것은 당연하다는 것을 인식시켜주고 "패스!"라고 외치면 다른 친구들에게 부담을 줄 수 있다는 점을 꼭 설명해준다.

③ 이 놀이는 자기 팀에게 패스하는 놀이가 아니라 가운데 있는 수비팀을 맞히는 놀이이니 패스하지 말 것, 그리고 공격하면 자연스럽게 패스도 된다는 점을 강조하고 놀이를 하면 모두가 진정 즐길 수 있는 놀이 분위기가 만들어진다.

놀이활용 Tip

1. 대형을 말이나 그림으로 그려 설명하면 아이들은 생각보다 잘 바꾸지 못한다. 특히 스피드 폴짝 피구는 공격팀의 간격이 중요하다. 간격이 너무 멀면 공이 자꾸 바깥으로 나가 경기가 지루해진다. 하지만 아이들은 처음에 앉을 때 친구랑 붙어 앉으려는 경향 때문에 간격을 좁게 앉게 되고 그만큼 다른 쪽의 간격이 벌어지게 되어 선생님이 개입하여 설명하게 된다.

2. 대형을 바꿀 때에는 수비팀은 일단 벽쪽에 있도록 하고 공격팀끼리만 간격을 적당히 벌려 서 있게 한 뒤 간격을 확인 후 앉는 것이 좋다. 또한 미리 대형을 만드는 장면을 보여주면 훨씬 이해가 빠르다. 타이머를 1분 정도로 맞추고 1분 안에 성공하는 미션을 주는 것도 좋다.

스파이를 찾아라

책상 형태 | 의자원형
준비물 | 장소 카드, 질문PPT

활동 영상 보러가기

#도티 #스파이 #대박놀이

활동소개

유명 유튜버 '도티'가 게임 속에서 한 놀이를 실제 교실에서 구현한 놀이입니다. 마피아 게임과 비슷하면서도 색다르며, 아이들이 서로 대화를 주고받으며 추리를 하는 과정이 고차원적이며 스릴 있습니다. 아이들이 '도티'라는 유튜버를 너무나 좋아하기 때문에 학기 말에 이 놀이를 시켜주면 반응이 폭발적입니다.

활동의 실제 ─────────────────────────────

🔍 놀이 전 준비

1) 의자로 원 대형을 만든다.
2) 장소가 적힌 카드를 준비한다. (blog.naver.com/lih6969 참고)
   - 장소 카드에는 똑같은 장소(예 : 백화점 등)가 적힌 카드와 스파이 카드가 있다.
   - 28명 기준 스파이 카드는 5장, 똑같은 장소가 적힌 카드는 23장을 준비한다.
   - 스파이 카드에는 장소가 적혀 있지 않다.

✏️ 놀이방법

1) 아이들은 장소 카드를 한 장씩 받는다.
2) 대부분의 아이들은 같은 장소가 적힌 카드를 받게 되며, 5명만 스파이라고 적힌 카드를 갖게 된다.
3) 릴레이로 질문을 주고받는다.
   - 질문을 받은 학생이 답을 하고 다시 다른 친구에게 질문하는 형식으로 문답을 한다.
4) 문답을 통해 장소를 아는 친구들은 스파이를 찾아야 한다.
5) 스파이는 반대로 친구들의 질문과 답을 들으며 장소를 유추하고, 자신에게 질문이 오면 그에 맞게 대답을 한다.
6) 질문이나 답을 장소가 대놓고 드러나게 할 수 없다.
   - 처음에는 아이들이 어려워하기 때문에 TV나 칠판에 질문 예시를 적어 놓는다.
   예) 여기 가봤니? 여기 좋아해? 집에서 가까워? 여기 분위기가 어때? 누구랑 여기 가고 싶어?
7) 질문에 대한 답은 스파이가 눈치채지 못하도록 짧고 추상적으로 한다.
8) 질문과 답을 주고 받다가 스파이가 누군지 확신이 든 학생은 "스파이 추리!"를 외친다.
9) "스파이 추리!"를 외친 학생은 스파이라 생각하는 학생을 지목하고 스파이가 맞으면 스파이는 일반인이 되어 계속 경기를 진행한다. 만약 추리가 틀리면 발언권을 잃게 되고 의자에서 내려와 앉는다.
10) 의자에서 내려온 학생이 8명 이상이 되면 스파이의 승리! 그 전에 5명의 스파이를 모두 추리하면 일반인의 승리가 된다.

활동유의사항

① 질문과 대답이 몇 번 이루어지지 않았는데도, 바로 "스파이 추리!"를 외치는 학생이 많으므로 최초 5~10분은 스파이 추리를 금지하고 질문과 대답만 하게 한다.

② 처음 놀이를 하면 아이들이 질문이나 답을 대놓고 하는 경우가 많으므로 연습 시간을 충분히 가지며 선생님이 질문과 답의 범위를 조정해주면 아이들이 더 빨리 적응할 수 있다.

놀이활용 Tip

전체 학생을 대상으로 연습 후 2팀이나 3팀으로 나누어 소규모 게임을 하면 질문이나 답을 할 기회가 많아져 더 재미있다.

28

몬스터 대집합!
할로윈 놀이

(#신체놀이)

몬스터 엄지 씨름

몬스터 탁구공 잡아라! 놀이

몬스터 엄지 씨름

책상 형태 | 학습형태
준비물 | 단면색 종이, 가위, 색연필, 싸인펜

활동 영상 보러가기

#앙증맞은 #엄지씨름 #할로윈

활동소개

앙증맞은 귀여운 캐릭터들을 쉽고 다양하게 만들 수 있으며, 만든 교구로 아이들과 신나게 놀 수 있는 이종대왕표 놀이미술입니다. 쉽고 간단하여 저학년이 좋아하고, 만든 교구로 재미있는 놀이를 할 수 있기 때문에 고학년이 좋아합니다. 요즘 유행하는 어벤저스 캐릭터, 만화 캐릭터, 할로윈에 맞게 다양하게 활용할 수 있습니다.

(도안파일은 블로그 https://blog.naver.com/ljh6969-꿀잼미술목록에서 다운받으세요.)

🔍주요 제작 과정

색종이 4등분 합니다.

반으로 접습니다.

사진과 같이 접습니다.

접은 부분을 풀로 붙입니다.

윗부분을 아래로 접습니다.

다시 펴고 한면씩 안으로 집어넣습니다.

완성!

나만의 캐릭터를 그리고 색칠합니다.

손가락에 꺼봅시다.

친구들과 몬스터 엄지 씨름을~!

놀이활용 Tip

1. 손가락에 끼고 엄지 씨름을 한다.
2. 모두 손바닥에 낀 상태로 손바닥을 펴고 있고 한 명씩 돌아가며 "여기 안경 쓴 사람 접어!"라고 말하면 안경 쓴 학생은 손가락에 낀 몬스터를 하나 빼고, 그 다음 학생이 "검은 색 옷 입은 사람 접어!"라고 말하면 검은 색 옷 입은 학생은 손가락에 낀 몬스터를 빼는 식으로 진행하여 5개를 모두 먼저 빼는 학생이 지는 게임이다.

몬스터 탁구공 잡아라! 놀이

책상 형태 | 책상밀기

준비물 | 몬스터 탁구공(모둠별 1개)

활동 영상 보러가기

#어디로_튀지? #순간_집중! #몬스터_공

활동소개

몬스터 탁구공은 몬스터 공을 보고 만든 놀이용품입니다. 보통의 공은 구형으로 되어 있어 튕겼을 때 일정하게 움직이지만, 몬스터 공은 예상을 벗어나 튕기기 때문에 민첩성을 기를 수 있는 좋은 용품입니다. 탁구공 6개를 붙여 몬스터 탁구공을 만든 후 모둠끼리 협력 활동으로 몬스터 탁구공 잡기 활동을 하면 재미있습니다.

활동의 실제

🔍 놀이 전 준비

1) 책상을 한쪽으로 밀고, 각 모둠별로 의자 1개를 준비한다.
2) 몬스터 탁구공 만드는 영상을 참조하여 공을 만든다.
- 탁구공 6개를 글루건으로 붙여 만든다.
- 쉽게 만들 수 있으며, 쉽게 뗄 수 있다.

📝 놀이방법

1) 모둠별로 활동하기 위해 일정 공간을 마련한다.
2) 의자 위에 모둠원 중 한 명이 몬스터 탁구공을 가지고 올라간다.
3) 손을 머리 위치에서 몬스터 탁구공을 자유낙하시킨다.
- 일부로 몬스터 탁구공을 잡기 편하기 위해 스핀을 넣는 경우가 있는데, 할 수 있는 학생은 도전해 보게 한다.
4) 의자에 둘러앉은 팀원이 떨어져 튕겨진 몬스터 탁구공을 잡는다.
- 잡기에 실패하면 의자에 서 있는 팀원에게 몬스터 탁구공을 주고 다시 자유낙하하게 한다.
5) 몬스터 탁구공을 잡으면 의자 위로 올라가서 머리 위치에서 자유낙하시킨다.
6) 일정한 시간(3분) 동안 몬스터 탁구공을 잡은 횟수를 세어 많이 잡은 모둠이 우승한다.
7) 활동이 익숙해지면 팀원 중 한 명이 머리 위로 던지고, 나머지 팀원이 잡는 활동으로 변형해도 좋다.
- 의자 위에 올라가서 자유낙하시키는 것보다 어려우므로 충분히 연습을 시킨 후 활동을 시킨다.
- 일정한 시간 동안 몬스터 탁구공을 잡은 횟수가 많은 모둠이 우승한다.

활동유의사항

① 몬스터 탁구공이 튕기는 것을 예상할 수 없으므로 무리하게 잡다가 옆 친구가 다치지 않도록 한다.
② 몬스터 탁구공을 자유롭게 튕기며 놀며, 어느 정도로 튕기는지 미리 연습해 본다.
③ 몬스터 탁구공을 바닥에 세게 던지지 않도록 한다.
- 만약, 망가진다면 다시 글루건으로 붙여 활동한다.

놀이활용 Tip

1. 몬스터 탁구공을 만들고 나서 충분히 손으로 양 옆을 눌러줘야 더 견고한 몬스터 탁구공이 완성된다.

2. 튕겨진 몬스터 탁구공을 잘 잡기 위해서는 최대한 낮은 자세를 유지해야 하며, 두 손을 벌려 잡을 준비를 한다.

3. 몬스터 탁구공 3개 정도 만들어 활용한 후 다시 탁구공을 잡고 뜯으면 잘 떼진다. 남은 글루건은 자나 칼을 이용해 벗겨낸다.

Part 09

추운 날씨,
따뜻한 교실 만들기

29

추운 겨울!
이 놀이가 딱이지

(#친교놀이)

셀프 방과 방 사이

그림 끝말잇기

셀프 방과 방 사이

책상 형태 | 학습형태
준비물 | 노란바구니

활동 영상 보러가기

#방과방사이 #자기주도적 #몰입놀이 ▾ 🔍

활동소개

TV 채널 중 '가족오락관'과 '1박 2일'에서 큰 히트를 쳤던 '방과 방 사이' 놀이를 아시나요? 아마 교실에서 한 번쯤 해본 적이 있을 겁니다. 그런데 단점이 있다면 한 모둠이 놀이할 때 다른 모둠은 구경만 해야 된다는 점이지요. 그로 인해 아이들의 집중도가 흐트러지면 말썽이 일어나거나 소란스러워 선생님이 계속 개입해야 됩니다. '셀프 방과 방 사이'는 모두가 동시에 참여할 수 있으며, 끊임없이 몰입할 수 있는 획기적인 놀이입니다. 또한 문제도 선생님이 아닌 아이들이 직접 만드는 놀이입니다.

247

활동의 실제

🔍 놀이 전 준비

1) A4용지 한 장을 세 번 접어 8칸으로 만든다.
   - 네 번 접어 16칸으로 만들 수도 있다.
2.) 한 칸에 한 단어씩 적는다.
   - 동물이나 캐릭터, 물건, 운동 등 모두가 알 수 있는 것 중 몸으로 표현 가능한 단어를 적는다.
3) 주어진 시간(10~20분) 안에 문제를 만들고, 빨리 만든 학생은 종이를 한 장 더 받아 문제를 만든다.
4) 시간이 다 되면 각각의 문제를 잘라 두 번 접어 바구니에 넣는다.
5) 바구니는 교실 가운데 놓는다.

📝 놀이방법

1) 각 모둠은 자신의 모둠 옆에 일렬로 바구니를 등진 채 선다.
2) 이때 각 모둠과 바구니 사이 거리가 공정해야 한다.
3) 놀이가 시작되면 맨 뒤의 학생이 바구니에서 문제를 뽑아 모둠으로 돌아온다.
4) 문제를 확인한 후 앞 사람의 등을 노크하고 문제를 몸으로만 설명한다.
   - 표현하기 어렵거나 모르는 문제가 나올 경우 문제를 두 번 접어 반납한 후 다시 뽑아 온다.
   - 물건을 직접적으로 가리키거나 소리를 내는 것은 반칙이다.
5) 설명을 본 학생은 앞 사람의 등에 다시 노크를 하고 그대로 자신의 몸으로 표현한다.
6) 위의 5의 과정을 반복하다 맨 앞사람에 이르면 맨 앞 사람은 정답을 말한다.
7) 정답이면 문제를 가지고(점수로 인정), 틀리면 문제를 두 번 접어 다시 바구니에 넣는다.
8) 한 턴이 끝나면 맨 앞에 있던 사람은 맨 뒤로 가고, 나머지 사람들은 한 칸씩 앞으로 간다.
9) 다시 놀이를 시작한다.

활동유의사항

① 놀이 시간이 오래 걸리는 모둠이 있다. 중간에 있는 학생들이 본인이 이해하려고 다시 동작을 해보라고 하는 경우인데, 이 놀이는 맨 뒤의 학생이 몸으로 설명한 것을 그 다음 학생이 맨 앞의 학생에게 그대로 전달만 하면 되는 것이다.

② 답은 맨 앞에 있는 학생만 맞히면 되기 때문에 중간에 있는 학생은 답이 무엇일지 생각하느라 시간을 지체하지 말고 똑같이 전달만 하면 된다고 말해주면 진행이 훨씬 매끄럽다.

놀이활용 Tip

1. 예전 버전의 '몸으로 말해요.'는 처음 설명하는 학생이 문제를 잘 설명하지 못하면 답을 틀리는 경우가 많았다. 하지만 '셀프 방과 방 사이'는 설명하기 어려운 문제를 뽑으면 다시 뽑을 수 있기 때문에 훨씬 진행이 잘 된다.

2. 아이들 수준에서 직접 문제를 만들기 때문에 난이도도 아이들 눈높이에 딱 맞는다. 문제에 반 아이들의 이름도 넣어보면 평소 보지 못한 아이들의 재미있는 특징도 알 수 있다.

그림 끝말잇기

책상 형태 | 학습형태

준비물 | 화이트보드, 보드마카, 지우개(휴지)

활동 영상 보러가기

#끝말잇기 #미술시간 #시간가는줄

활동소개

끝말잇기는 어른들에게 참 지루하지만 아이들은 굉장히 좋아하는 놀이입니다. 그런데 어른조차 재미있어 하는 끝말잇기가 있다면 아이들에게는 과연 어떨까요? 거의 열광 수준이 되겠지요. '그림 끝말잇기'는 아이들이 시간가는 줄 모르고 자기주도적으로 몰입할 수 있는 최고의 놀이입니다.

활동의 실제

놀이 전 준비

1) 모둠 대형으로 만든다.

2) 개인별로 화이트보드와 보드마카, 지우개 또는 휴지를 준비한다.

3) 화이트보드가 넉넉히 없다면 모둠당 한 개만 있어도 된다.

4) 화이트보드의 왼쪽 위 귀퉁이에 네모를 한 개 그리고 오른쪽에는 세로선을 쭉 긋는다.

5) 화이트보드 왼쪽 위 귀퉁이 네모는 글자 수를 쓰는 칸이고, 오른편 세로 구역은 마이너스 점수칸이 된다.

6. 모둠 내에서 1번, 2번, 3번, 4번과 같이 순서를 정한다.

놀이방법

1) 모둠의 1번 학생은 글자 수를 칸에 적고 그림으로 표현한다.

　- 다음 친구를 배려하여 시작부터 어려운 단어를 내지 않는다.

　- 오직 그림으로만 표현한다. 글자를 쓰거나 말로 힌트를 주는 행동은 반칙이다.

2) 나머지 모둠원들은 친구의 그림을 보고 이해했으면 엄지를 들고, 이해하지 못했으면 엄지를 내린다.

3) 모둠원의 과반수가 엄지를 들면 다음 학생이 끝말잇기로 그림을 이어 그린다.

　- 모든 모둠원을 이해시킬 필요는 없다. 과반수만 되면 다음 학생으로 넘어간다.

4) 만약 과반수가 엄지를 내리면 다시 한 번 더 그림으로 표현할 기회를 갖는다.

5) 두 번의 기회 모두 과반수 모둠원의 이해를 받지 못했다면, 마이너스 점수칸에 동그라미 하나를 그린다.

6) 다음 번호(2번 학생)부터 다시 새로운 놀이를 시작한다.

7) '름'을 '음'으로 고치거나 '릴'을 '일', '끼'를 '기'로 고치는 등과 같이 융통성 있게 허용한다.

8) 주어진 시간이 끝났을 때 마이너스 점수칸에 동그라미가 가장 없는 학생이 최종 우승이다.

활동유의사항

① 처음 10분 정도는 아이들이 헤맬 수 있다. 의외로 시작하는 단어를 잘 생각하지 못하거나 끝말잇기라는 것 자체를 잊는다. 하지만 10분 정도 모둠을 둘러보면서 지도하면 그 뒤는 물 흐르듯이 잘 진행된다.

② 늘 해왔던 끝말잇기와 다른 방식이기 때문에 앞 단어의 끝 글자를 잇는다는 끝말잇기의 단순한 규칙을 망각하는 학생들이 있다. 그냥 끝말잇기 하듯이 생각하라고 말하면 쉽게 그림 끝말잇기를 이어나간다.

놀이활용 Tip

그림 끝말잇기가 익숙해지면 비슷한 규칙의 '무언의 끝말잇기'라는 놀이도 할 수 있다. 그림 끝말잇기는 재미있는 그림을 보는 재미가 있다면, '무언의 끝말잇기'는 모든 것을 동작으로 표현하는 아이들의 모습을 보며 폭소가 나오는 꿀잼 놀이이며, 아이들의 표현력이 길러지는 것은 덤이다.

① 모둠 대형으로 만든다.
② 개인별이나 모둠별로 화이트보드와 보드마카, 보드마카 지우개 또는 휴지를 준비한다.
③ 화이트보드 전체가 점수판이 된다.
④ 모둠 내에서 1번, 2번, 3번, 4번과 같이 순서를 정한다.
⑤ 모둠의 1번 학생은 손가락으로 글자 수를 알려주고 몸으로 설명한다.
⑥ 물건을 직접적으로 가리키거나 소리를 내는 것은 반칙이다.
⑦ 나머지 모둠원들은 이해했으면 엄지를 들고, 이해하지 못했으면 엄지를 내린다.
⑧ 모둠원의 과반수가 엄지를 들면 다음 학생으로 넘어간다.
⑨ 모든 모둠원을 이해시킬 필요는 없다. 과반수만 되면 다음 학생으로 넘어간다.
⑩ 만약 과반수가 엄지를 내리면 다시 한 번 몸으로 표현할 기회를 갖는다.
⑪ 두 번의 기회 모두 과반수 모둠원들의 이해를 받지 못했다면 점수판에 점 하나를 찍는다.
⑫ 다음 번호(2번 학생)부터 다시 새로운 놀이를 시작한다.
⑬ '름'을 '음'으로 고치거나 '릴'을 '일', '끼'를 '기'로 고치는 등과 같이 융통성 있게 허용한다.
⑭ 주어진 시간이 끝났을 때 점수판에 점이 가장 없는 학생이 최종 우승이다.

30

학기말 아이들에게 선사하는
최고의 꿀잼 놀이

(#신체놀이)

초능력 교실 피구

팅겨라! 탁구공 놀이

초능력 교실 피구

책상 형태 | 책상활용
준비물 | 초능력 카드, 피구공

활동영상 보러가기

> #초능력 #상상력 #교실피구　🔍

활동소개

어릴 적에 초능력을 가진 히어로가 되는 상상을 한번쯤 해보지 않았나요? 저도 그런 상상을 했었고 심지어 꿈도 꿨습니다. 이 놀이는 그 상상력을 실현할 수 있는 환상적인 놀이입니다. 교실 피구에 초능력까지 더한다면 아이들이 얼마나 행복해할지 상상이 되지요? 학급에서 가장 어려운 미션을 달성했을 때, 그 보상으로 이 놀이를 한다면 아이들이 정말 열심히 미션을 수행하고자 노력할 것입니다. 그리고 미션은 일주일 동안 종 쳤을 때 자리에 앉아 있기, 수업시간에 집중하기와 같이 학급경영에 꼭 필요한 아이들의 기본 생활습관 중 하나로 정해보세요.

(초능력 카드파일은 블로그 https://blog.naver.com/ljh6969-교실놀이 목록에서 다운받으세요.)

활동의 실제

🔍 놀이 전 준비

1) 두 팀으로 나눈다.

2) 초능력 카드는 기본적으로 한 팀당 한 세트 12장으로 구성되어 있다.

   - 학생 수에 맞게 조절한다. 학생 수가 더 많으면 1~2개 아이템을 중복으로 구성한다.

   예) 소생 2장

3) 카드는 3세트를 준비한다. (2세트 팀용, 1세트 보급용)

4) 교실 피구 대형으로 책상을 옮긴다.

📝 놀이방법

1) 각 팀의 팀장은 한 세트의 카드를 받고 팀원들에게 카드를 랜덤으로 나누어준다.

2) 보급 카드를 받은 학생을 확인한다. 이 학생들은 선생님이 가지고 있는 한 세트의 카드 중 두 장을 선택하여 가져간다.

3) 초능력 카드는 자신이 공을 잡았을 때에만 쓸 수 있다.

   - 조끼, 헬멧, 구급상자, 의료용 키트, 에너지드링크, 소생 제외

4) 한 팀의 인원이 4명 정도 되었을 때 상대팀의 승리로 놀이를 종료한다.

<초능력 카드 설명>

아이템	능력
보급	- 보급 카드를 받으면 선생님께 가서 초능력을 2장 받음
조끼	- 끝날 때 까지 공에 맞아도 아웃되지 않음 - 공을 던질 수는 없음(잡을 수는 있음) - 나머지 학생이 다 아웃되면 조끼 능력이 없어지고 공에 맞으면 아웃됨
헬멧	- 헬멧은 머리에 맞으면 아웃되지 않음 - 무제한으로 사용 가능
구급상자	- 한 번 맞으면 아웃되지 않음(목숨이 한 개)
의료용 키트	- 두 번까지 맞으면 아웃되지 않음(목숨이 두 개)
일시정지	- 상대팀이 움직이지 못하는 상태에서 공을 던져 맞힐 수 있음(한 번만 쓸 수 있음)

돌격! 앞으로	- 선생님의 시작 신호와 함께 10초 안에 상대팀의 진영으로 직접 가서 아무나 맞힐 수 있고(한 번만 쓸 수 있음), 이때 상대팀은 공에 앉거나 피하거나 잡을 수 있음
듀오	- 옆 사람과 함께 공을 던질 수 있음(공 두 개로, 한 번만 쓸 수 있음)
배낭	- 혼자 두 번 연속으로 공을 던질 수 있음(한 번만 쓸 수 있음)
길리슈트	- 자신을 맞힌 상대방이 대신 아웃
소생	- 자기 팀의 아웃된 학생 중 한 명을 바로 살려줄 수 있음 (한 번만 쓸 수 있음) - 자신이 아웃된 상태에서도 소생 카드를 안 썼다면 쓸 수 있음
에너지드링크	- 아웃되면 줄을 서는데 맨 앞으로 설 수 있음(교실 피구 기본규칙을 보면, 아웃되면 나가 줄을 서고 자기 팀이 공을 잡으면 다시 들어오는 규칙이 있는데, 에너지드링크는 항상 아웃되어도 줄의 맨 앞으로 가기 때문에 자기 팀이 잡으면 대기 없이 바로 들어갈 수 있는 장점이 있음)

① 카드는 아무 때나 사용할 수 없기 때문에 카드에 적힌 조건을 다시 한 번 충분히 읽도록 하여 그 내용을 알도록 한다. 예를 들어 조끼와 헬멧, 에너지드링크는 무한이기 때문에 알아서 쓰면 되고, 나머지 대부분의 아이템은 자신이 공을 가졌을 때만 쓸 수 있다.

② 두 번째 놀이를 할 때는 전략회의를 통해서 자신에게 어울리는 초능력 카드를 선택해서 고를 수 있다. 물론 다수가 한 카드를 갖고 싶어 한다면 빠르게 가위바위보로 정한다.

놀이활용 Tip

놀이를 2~3번 진행한 뒤 아이들의 아이디어로 새로운 초능력 카드를 만들어 하면 더욱 재미있다.

팅겨라! 탁구공 놀이

책상 형태 | **책상밀기**
준비물 | **책상, 의자, 탁구공 3개, 타이머**

활동 영상 보러가기

#탁구공_3개만 #공바운더 #책상+의자

활동소개

교실에 있는 책상과 의자를 활용한 교실 놀이는 어떤가요? 의자를 놓고 책상을 기울게 놔서 공 바운더를 만들고 거기에 탁구공을 팅기는 놀이입니다. 팀원 중 한 명이 탁구공을 책상에 팅기면 팀원이 앉아서 받아 성공 횟수로 승패를 결정하는 팀별 협력활동입니다. 같은 방식으로 팅겨져 나간 거리에 따라 1점, 2점, 3점을 정해 다득점한 팀이 이기는 활동을 할 수도 있습니다. 팅겨져 나간 탁구공을 잡는 재미에 빠져 보기 바랍니다.

활동의 실제

🔍 놀이 전 준비

1) 교실의 책상을 한쪽으로 밀고 팀별로 공 바운더를 칠판 쪽에 만든다.

2) 의자를 눕히고 그 위로 책상을 비스듬하게 얹어서 공 바운더를 만든다.

3) 한 팀당 4명~6명으로 팀 당 한 개의 공 바운더를 만든다. 공 바운더는 최대 3개가 적당하다.

　　- 학급 인원이 많다면 몇 개의 팀이 돌아가며 활동을 한다.

✏️ 놀이방법

1) 팀원 중 한 명이 탁구공 1개를 들고 공 바운더 쪽에 서 있는다.

2) 나머지 팀원은 일정한 거리 뒤로 넓게 퍼져서 앉는다.

　　- 매 라운드마다 공 바운더와 학생들이 앉는 거리를 조금씩 넓혀간다.

3) 탁구공을 든 친구가 공 바운더에 적당한 힘으로 던진다.

4) 공 바운더를 맞고 튕긴 탁구공을 같은 팀원의 학생이 두 손으로 잡는다.

　　- 만약 못 잡았다면 탁구공을 가져와 탁구공을 잡을 때까지 탁구공을 튕긴다.

5) 팀원이 탁구공을 잡았다면 잡은 팀원이 나와 공 바운더에 탁구공을 튕긴다.

6) 정해진 시간(5분) 동안 탁구공을 잡은 횟수가 가장 많은 팀이 이긴다.

7) 다음 라운드를 진행할 때는 공 바운더와 학생들 사이의 거리를 조금 더 넓힌다.

활동유의사항

① 바닥에 떨어진 탁구공을 줍다가 다른 팀의 활동을 방해하지 않는다.

② 팀원 중 일부만 참여하지 말고 전체가 참여할 수 있도록 자리 배치를 돌아가며 한다.

③ 탁구공을 서로 잡다가 부딪혀 다치지 않도록 조심한다.

놀이활용 Tip

1. 활동 전 연습시간을 충분히 가져서 공 바운더에 탁구공을 튕기는 힘과 튕겨 나가는 거리를 알 수 있도록 한다.

2. 잡는 거리에 따라 점수제로 실시하면 좋다.

　　- 가까운 거리(1점), 중간 거리(2점), 먼 거리(3점) 등

　　- 거리의 기준은 공 바운더로부터 2m 이내를 가까운 거리로 잡고 3m 중간 거리, 4m 이상을 먼 거리로 정한다.

3. 공 바운더 근처에만 있지 않고, 뒤에도 몇 명 앉게 해서 혹시라도 빠지는 탁구공이 있으면 잡을 수 있게 한다.

놀이 운영 SOS

"아이들이 예상치 못한 반칙이나 편법을 써서 당황스러워요."

놀이뿐 아니라 스포츠, 온라인 게임 등을 하면 항상 반칙이나 편법을 쓰는 경우가 있습니다. 좋게 말하면 주어진 틀에 갇혀 있지 않으며 독창적이고 센스가 뛰어난 부류죠. 처음 놀이를 진행하면 이러한 상황들을 당연히 예측할 수 없기 때문에 당황할 수 있습니다. 예상치 못한 반칙이 나오면 일단 눈감아주세요. 만약 지적을 하면 그 학생은 굉장히 억울할 수 있습니다. 분명 규칙에 없었으니까요. 다만 그러한 반칙이나 편법이 놀이의 흐름을 심각하게 방해하고 위험하거나 혹은 재미를 반감시킨다면 다음 놀이부터 새로운 규칙으로 공지하면 됩니다. 결국 놀이를 많이 진행하면 할수록 예측 가능한 범위가 넓어지며, 선생님이 원하는 대로 놀이가 이루어질 수 있게 됩니다.

수업 시간이 아직도 남았네요. 눈치게임을 합니다. 그래도 남았네요. 가라사대도 해봅니다. 그래도 남았으니…. 이제 독서록을 꺼내라고 해야겠습니다.

저와 같은 선생님들에게 이 책을 통하여 그림으로 이해를 돕고 싶었습니다. 선생님께서는 한창 때 좀 놀 줄 몰랐어도, 지금까지 잘 놀게 하지 못했어도 이제부터 즐겁게 노는 학급을 만들 수 있을 것입니다.

작은 능력도 크게 여겨주는 송성근 선생님과 작업에 참고할 수 있는 자료를 무한 제공해주는 이종혁 선생님께 많이 감사드립니다.

나의 버팀목, 세상을 힘 있게 바라볼 수 있게 해주는 한진호 선생님과 나의 가치 있는 삶, 빛나는 삶을 만들어주는 아가, 한주원에게 사랑을 담아 감사의 말을 남깁니다.

그린이. **김서리**